कृष्णलीला वल्लरी

अपलक निहारें कृष्णा श्याम सखी यमुना
वृन्दावन की श्रुतियाँ बिसरे नही बृज अँगना

माला ठाकुर

INDIA • SINGAPORE • MALAYSIA

ISBN

Hardcase 979-8-89556-644-2
Paperback 979-8-89519-574-1

कृष्ण लीला वल्लरी, प्रेम पुंज वर्धनी
जीव जीवन निर्मली, कर्म कुंज कर्धनी

कृष्णलीला वल्लरी पुंज का संवर्धन कर, जीव के जीवन को निर्मल बना, कर्म कुंज की चक्रीय यात्रा के विसर्जन का, मार्ग निर्देशित करती है। ब्रह्म की पावन लीला, चित्त से अहंकार को निवृत्त कर, जीवन रूपी मधुवन को, रस भरी भक्ति से सुरभित करती है। गीता के माध्यम से जीव के भव, भय, मत्सर, आदि दुर्गुणों का क्षय कर, कर्म की अद्भुत गाथा का वर्णन करती है। वर्ग भेद का निर्मूलन कर, जीवन में मित्र को सर्वोत्कृष्ट स्थान प्रदान करती है। गीतों एवं भजनों की श्रृंखला हृदय को आनंद से भाव विभोर कर देती है।

रिझे नही जप तप हवन, ज्ञान दान उपासना।
मिले नही सहज दर्शन, करे सतत आराधना।
रुचे नही महल मिष्ठान, नही भोग विलासना।
भावे मन माखन मिश्री, तुलसी दल विराजना।
दौड़े आवें सुन पुकार, समर्पित भक्ति भावना।
मिलें कृष्ण "माला" चित्त, मंगल प्रीत याचना।

पाठक की कलम से

सुश्री माला ठाकुर एक सिद्धहस्त कवयित्री हैं।

सन् २०१८ में प्रकाशित उनकी काव्य रचना “रामचरित अँजुरी” के अवगाहन का मुझे सौभाग्य प्राप्त हुआ। उक्त काव्यमय कृति सहज ही ‘मानस’ की अमिट छाप मानस-पटल पर अंकित करती है।

उनकी अगली रचना “कृष्ण लीला वल्लरी” नि:संदेह परिमार्जित लालित्य से पाठकों को स्पर्श करेगी।

शुभकामनाओं सहित
सुरेश चौकसे
बालाघाट (म.प्र.)

प्रेम मंजरी

पावन लीला ब्रह्म की, महके मधुवन मंजरी
हरे अहंकार उद्धव का, दिये भक्ति रसभरी

कर्म मंजरी

अद्भुत गाथा कर्म की, कृष्ण लीला वल्लरी
करे उपदेश गीता का, मिटे भव, भय, मत्सरी

मंथन मंजरी

मिटा भेद वर्ग का, लिया बाँहों में थाम
अमर हुई मित्रता, कृष्ण-सुदामा नाम

अनुक्रमणिका

कर्म मंजरी

मंथन मंजरी

भजन एवं गीत

कवयित्री की कलम से

कृष्ण लीला वल्लरी

कृष्ण के लिए वल्लरी नाम ही सार्थक लगा। जिस तरह लता बढ़ते हुए कब किस ओर मुड़ जाये पहले से पता नही होता। कब किसी पेड़ का आश्रय ले, या ज़मीन पर ही अपना विस्तार करे, कब अपनी दिशा बदल ले, कुछ भी पूर्व निश्चित नही होता। समय, परिस्थिति और आवश्यकता के अनुरूप स्वयं को परिवर्तित कर लेने का नाम ही कृष्ण लीला वल्लरी है।

कृष्ण की जीवन यात्रा जन्म से ही बड़ी चुनौती भरी रही। सारा जीवन संघर्ष में ही बीता। कृष्ण का जीवन चरित्र लीलामय रहा। कृष्ण सिर्फ़ सैद्धांतिक नही, व्यावहारिक हैं। कृष्ण केवल पढ़ने के लिए नही अपितु जीने के लिए हैं। वर्तमान में कृष्ण जीवन के अध्ययन की महती आवश्यकता है।

कृष्ण अनंत हैं उनकी जीवन गाथा को किसी ग्रंथ में सीमित नही किया जा सकता। फिर भी जीवन को बेहतर जीने के लिए उनके जीवन के कुछ बिन्दु के अंश मात्र भी यदि ग्रहण करने का प्रयास कर लें तो जीवन सार्थक हो जाये।

मुख्यतः मानव जीवन की तीन अवस्थाएँ होती हैं- किशोरावस्था, प्रौढ़ावस्था और वृद्धावस्था। पहली अवस्था में स्नेहपूर्ण वातावरण अत्यंत आवश्यक है। दूसरी में कर्म की प्रधानता है और तीसरी जीवन का विश्राम काल जहां मित्रों के सौहार्द्र के अतिरिक्त कुछ भी आवश्यक नही होता।

कृष्ण लीला वल्लरी की रचना इन्हीं तीन बिंदुओं पर आधारित है।

प्रथम पृष्ठ पर प्रस्तुत गीत "वृंदावन की वीथि में बहती प्रेम की धारा है" कृष्ण लीला वल्लरी की संपूर्ण विषय वस्तु को दर्शाता है। तीनों काव्य खण्ड के प्रारंभ में प्रयुक्त दो पंक्तियाँ काव्य खण्ड के मूल बिन्दु को इंगित करती हैं। काव्य के मध्य में प्रसंगानुकूल गीत, शैली को रोचक एवं अलंकृत करते हैं तथा भावों की गहनता को अधिक संवेदनशीलता प्रदान करते हैं।

अंत में राधे कृष्ण से संबंधित भजनों एवं गीतों की श्रृंखला भक्तों को भक्ति रस सिंधु में आकंठ झूमने को विवश कर देती है।

1. प्रेम मंजरी

वर्तमान में परिवार सीमित हो गये हैं। एकाकी परिवार का प्रभाव बच्चों की मानसिकता पर पड़ता है। संबंधों की गरिमा समाप्त हो रही है। संवेदना का अभाव होता जा रहा है। बचपन में जो मिलता है वह जीवन भर के लिए संग्रहित हो जाता है। शारीरिक, मानसिक, वैचारिक सभी तरह की

गतिविधियाँ जीवन पर्यंत प्रभाव डालती हैं। बच्चों के लिए स्नेहपूर्ण वातावरण अत्यंत आवश्यक है। आज बचपन से ही बच्चे तनाव में जीते हैं। या कहें कि बच्चों का बचपन बचा ही नही। प्रेम के अभाव में सारे सद्‌गुण तिरोहित हो जाते हैं। किशोरावस्था में पहुंचने से पहले ही बच्चा बहुत सारी समस्याओं से ग्रस्त हो जाता है।

कृष्ण की बाललीला का सजीव चित्रण बच्चों के मन में नयी ऊर्जा का संचार करता है। उनकी बालसुलभ प्रवृतियाँ निर्दोष बचपन को निखार कर उसमें विभिन्न सद्‌गुणों का सिंचन कर संस्कारित करती हैं। कृष्ण की बाल्यावस्था से संदेश मिलता है कि प्रेम ही जीवन है। कृष्ण प्रेमावतार हैं, उन्हें प्रेम है गायों से, गोप ग्वालों से, गोपियों से, पेड़ पौधों से, नदी, पर्वतों से और सबसे महत्वपूर्ण अपने भक्तों से। कृष्ण ने अपनी बाल्यावस्था में खूब प्रेम लुटाया है। बाल लीलाओं के माध्यम से प्रेम जन जन में संचारित किया है। गोकुल और वृंदावन के कण कण में प्रेम प्रवाह निरंतर है।

"मैया मोहे माखन दे दे, क्षुधा बहुत सतायो" माँ के ह्रदय को भावविभोर करता है।

"जब वंशी की धुन गुंजावे" में प्रकृति पूरी तरह प्रेम रस में भींग रही है। कृष्ण रासलीला प्रेम का चरम सोपान है। एकात्म प्रेम, अद्‌वैत प्रेम जहाँ स्व और पर का भेद मिट जाता है, जीव और ब्रह्म का एकाकार।

"सींच सींच रंग मतवारी भई हैं" में आत्म और परमात्म के मिलन का लक्षणा भाव स्पष्टत: परिलक्षित होता है।

“प्रेम सौम्य है प्रेम सरल, प्रेम शौर्य है प्रेम अटल। प्रेम उदार है प्रेम सम्राट, प्रेम ओंकार है प्रेम विराट॥

प्रेम है ऊर्जा प्रेम है शक्ति, प्रेम है पूजा प्रेम है भक्ति। प्रेम सहिष्णु प्रेम उद्दाम, प्रेम नारायण शालिग्राम॥”

प्रेम को परिभाषित करते नौ पद प्रेम के बृहद व्यापक एवं सूक्ष्म से सूक्ष्म स्वरूप से संपूर्ण सृष्टि को प्रेमाविष्ट करते हैं।

कृष्ण प्रेम में जितना भींगे हैं, विरह की पीड़ा में उतना ही तड़पे भी हैं। कृष्ण के वृंदावन से गमन के पश्चात् गोपियों के विरह भाव को प्रतिध्वनित करता गीत-

“गीत प्रेम के कैसे गाऊँ, मन की मुरली किसे सुनाऊँ” वेदना की पराकाष्ठा और समर्पित भक्ति की अनुभूति कराता है।

काव्य की आधार पंक्तियाँ- “अपलक निहारें कृष्णा, श्याम सखी यमुना। वृंदावन की श्रुतियाँ, बिसरे नही ब्रज अँगना॥” हृदय को आलोड़ित करती हैं।

“देख कृष्ण की विह्वलता, उद्धव उर अहंकार। कैसे व्यापे विरह वेदना, कृष्ण ब्रह्म अवतार॥

कर रहे कृष्ण लीला, हरने भक्त अभिमान। उलझे उर प्रेम वल्लरी, नही समय का भान॥”

“जाओ उद्धव वृंदावन, जगाओ ज्ञान ज्योत्स्ना। करो अवरुद्ध प्रेम प्रवाह, बनो पतवार विधना॥”

प्रयुक्त पंक्तियों में कृष्ण अपने भक्तों में किसी भी तरह का विकार सहन नही कर पाते। अस्तु उन्होंने उद्धव को ज्ञान विकार के भंजन हेतु वृंदावन भेजा। उद्धव ज्ञान को भक्ति से श्रेष्ठ मानते हैं। गोपियों के लिए भक्ति सहज उपलब्ध है वे जानती हैं कृष्ण परमात्मा हैं फिर भी मोह के वशीभूत सब कुछ भूलकर रुदन कर रही हैं। उनकी विह्वलता को संतुलित करना भी कृष्ण का उद्देश्य है। कृष्ण ने मनुष्य जीवन के लिए कर्म की अनिवार्यता पर बल दिया है। ज्ञान और भक्ति की अतिरेकता को नियंत्रित कर कर्म की सार्थकता को श्रेष्ठता प्रदान की है। उद्धव कृष्ण के ईश्वरीय अवतार का वर्णन कर उनके व्यापक विराट स्वरूप को स्वीकार करने हेतु गोपियों को प्रेरित करते हैं। शास्त्रोक्त सारे ज्ञानोपदेश समझाने के बाद भी गोपियाँ कृष्ण प्रेम में आकंठ डूबी हुई हैं, कहती हैं हमें सर्वेश्वर जगदीश की कोई कामना नही है, हमारे लिए तो माखन मिश्री खाने वाला गोपाल ही हमारा ईश्वर है, शास्त्र ज्ञान की बातें हमारी समझ से परे हैं। उद्धव उन्हें ज्ञान प्रदान कर परमात्मा को पाने का मार्ग प्रशस्त करना चाहते हैं। लेकिन सरल मन गोपियों ने निर्दोष भक्ति से कृष्ण को आत्मसात् कर लिया है। ये अनुभूति उद्धव के चित्त को कृष्ण प्रेम से ओतप्रोत कर देती है।

प्रेम में दुरुहता और जटिलता का कोई स्थान नही होता। संदर्भित रस भरे गीतों से मन गुनगुनाने लगता है।

2. कर्म मंजरी

आज के समय में सभी व्यस्त दिखाई देते हैं, सभी दौड़ रहे हैं। हर कहीं प्रतियोगिता है, कहीं कोई आगे न निकल जाये। सब भागते नज़र आते हैं। ठहर कर सोचने, समझने के लिए किसी के पास समय नही है। धैर्य, सहनशीलता, सामंजस्य जैसे गुणों का नितांत अभाव ही युवावर्ग को दिग्भ्रमित कर देता है। कहीं कोई अपने विवेक से निर्णय नही ले पाता। अर्जुन की तरह संशयात्मक भावों से जूझते रहते हैं। गीता के भावों का सरलीकरण इतना सुगम है कि सहजता से आत्मसात् हो जाये। युवाओं के लिए आवश्यक है गीता पढ़ना। गीता के कर्म सिद्धांत को यदि दैनंदिन जीवन में अपना लिया जाये तो जीवन सरल और आनंदमय हो जाये। आज की नारी का जीवन अधिक क्लिष्ट हो गया है घर के अतिरिक्त सामाजिक परिवेश में भी उसे सशक्त भूमिका निभानी होती है। गीता ही एकमात्र ऐसा ग्रंथ है जो जूझने के लिए प्रेरणा, शक्ति, साहस और सम्बल प्रदान करता है।

मन की विछिन्न दशा में कृष्ण की भूमिका अवश्यंभावी है यथा-

द्यूत क्रीड़ा में द्रौपदी की मनोदशा अभिव्यक्त करती कुछ पंक्तियाँ:

"द्रुपद सुता का हृदय आज, ज्वाला बन धधक रहा। तार तार हो आँचल आज, अंगारा बन दहक रहा॥

अपमान की अग्निशिखा, अंबर तक पहुंची जाती है। दग्ध हृदय की लपटों से प्रतिशोध उगलती जाती है॥"

युद्ध के समय अर्जुन की दशा:

"शिथिल हो रही देह, विकल व्यथित हुआ खिन्न। कैसे लड़ूँ युद्ध केशव, गांडीव मुझसे हुआ भिन्न॥

थकित नयन द्रवित हृदय, पंगु बने अर्जुन। तजे शस्त्र योद्धाजित, निश्चेष्ट हुए तरुण॥"

कृष्ण ने कितना सहज समाधान सुझाया है:

सत्यनिष्ठ विवेक से, चुनें पथ परमार्थ। अन्याय को प्रश्रय देना, धर्म नही पार्थ॥

गीता में अर्जुन द्वारा पूछे गये प्रश्न जन साधारण के मन की जिज्ञासाओं का प्रतिनिधित्व करते हैं यथा-

निज परिजनों का वध कर, कैसे राज्य आहार करूँ?

कुलवध से कुलधर्म नाश, कैसे यह अपराध करूँ?

है क्षात्र धर्म यही तो, स्वत: देह परित्याग करूँ!

जिन चरणों में पायी शिक्षा, उन पर कैसे वार करूँ!

जिनकी गोद खेला बचपन, उनपर कैसे प्रहार करूँ!

नश्वर शरीर के विनाश का, क्यों मैं सूत्रधार बनूँ!

शरीर है क्षणभंगुर तब, क्यों न इसका त्याग करूँ!

जीवन मरण के चक्रव्यूह में, व्यर्थ क्यों विहार करूँ!

देहांत के बाद कैसा संग्रहण केशव?

देह से भिन्न आत्मा, कैसे निर्वहन केशव?

सांसारिक जीवन से केशव, हो रहा दुराव। वीतरागी हो रहा मन, मिटे नही भटकाव।

इस दुर्लभ तन से, करूँ परम का ध्यान। क्यों करूँ समय नष्ट, लेने युद्ध रुझान॥

शरीर करे कर्म, आत्मा वासना मुक्त, कैसे संभव केशव?

आत्मा पुष्टि हेतु, कौन व्यवहार एवं आहार केशव?

ऐसे ही अनेक प्रश्नों के समाधान सुगम्य, सरल भाषा एवं रोचक प्रस्तुतिकरण से पठनीय एवं अनुकरणीय हैं जो जन साधारण के लिए सहज ही सुग्राह्य हैं। पाठकों के हृदय आगार को संतुष्टि एवं आनंद से भर देते हैं।

3. मंथन मंजरी

जीवन में मित्र का स्थान, महत्व और उसके स्वाभिमान का सम्मान बनाये रखते हुए उसकी पीड़ा से द्रवीभूत हो कृष्ण का प्रेम स्पष्ट परिलक्षित होता है। जीवन के उत्तरार्ध में कृष्ण सुदामा की मित्रता वृद्धावस्था की पीड़ा, एकाकीपन की शून्यता, जीवन भर के संघर्ष सब कुछ विस्मृत कर जीवन के अंतिम काल को गौरव और आनंद से आप्लावित कर देती है।

जब कृष्ण से मिले बिना ही सुदामा लौट चले हैं तो उनकी व्याकुलता मन को झँझोड़ देती है।

"हो रहा ह्रदय विह्वल, व्यथित हुआ मैं। छूट रही पतवार धैर्य की, डूब रहा मैं

तार तार हुआ अंबर, निढाल हुआ मैं। धरा की अकूत संपदा, कंगाल हुआ मैं"

सुदामा को पुकारते कृष्ण की दशा का वर्णन

"मुख पर बिखर रहे, कुंतल केश विराम। शीश नही मोर मुकुट, नही रुक्मिणी वाम

खड़ा धरा पर चक्रपाणि, होकर बेदाम। शुष्क हो रहे अधर, पुकार सुदामा नाम।"

मित्र के लिए विह्वलता का उत्कट संप्रेषण झलकता है।

विभिन्न रसानुभूतियों से काव्य की रोचकता अवश्य ही पाठकों के ह्रदय सागर को आनंद से आलोड़ित कर देती है।

कृष्ण लीला वल्लरी एक संपूर्ण काव्य ग्रंथ है। जो सरस, मधुर एवं गाने योग्य है। संगीत में अभिरुचि रखने वाले पाठकों के लिए विशेष आकर्षण रखता है। जीवन की विभिन्न समस्याओं के समाधान कारक विश्व प्रसिद्ध कृष्ण के गीता उद्बोधन का गीतमयी शैली में सरल विवेचन सभी तरह के सुधि पाठकों को निश्चित ही आनंदित करेगा। पुस्तक रमणीय, पठनीय एवं संग्रहणीय है।

विनयांजलि

प्रथम काव्यांजली रामचरित अंजुरी लिखने के साथ ही कृष्ण पर लिखने के लिए मन बना लिया था। कृष्ण के दुरूह चरित्र पर लिखना बहुत कठिन प्रतीत हुआ अतएव अपनी समझ अनुसार सरल काव्य शैली में कुछ लिखने का प्रयास किया है। कृष्ण भावना के पुजारी हैं उनके लिए भावना सर्वोपरि है। सद्भाव के अभाव में दुर्योधन के राजसी व्यंजनों की थाली ठुकरा कर विदुर के घर साग खाना उन्हें आह्लादित करता है। छिलके और केले का अंतर भी दृष्टिगोचर नही होता। प्रेममय कृष्ण के लिए शब्दों का कोई अस्तित्व नही रह जाता। मेरा पाठकों से विनम्र निवेदन है कि कविता के भाव के अनुरूप हिन्दी भाषा से इतर शब्दों के प्रयोग के लिये मुझ अल्प ज्ञानी को क्षमा करेंगे और भावनाओं को महत्व देते हुए रसमय काव्य का आनंद ले मुझे अनुग्रहित करेंगे।

कृतज्ञ हूँ गुरु कवि श्री राजाराम भारद्वाज जी की, जिनका आशीर्वाद स्वरूप प्रोत्साहन मुझ पर सदा रहा है।

आभारी हूँ पूज्या दीदी श्रीमती निर्मला मिश्रा की; रचना के प्रति उनकी उत्सुकता ही मुझे लिखने की प्रेरणा देती रही है।

गौरवान्वित हूँ डा. अंजली शर्मा के एक ही बैठक में रचना के सस्वर वाचन से।

अभिभूत हूँ बेटे मानस ने व्यस्ततम दिनचर्या के मध्य अमूल्य सहयोग प्रदान किया।

आभारी हूँ लेखक श्री राजेश अय्यर जी की; सीमित समय के परिचय में भी बहुमूल्य मार्ग दर्शन दिया।

माला ठाकुर

दो शब्द

जय हनुमान

शब्द जब भी ध्वनित होता है, भावों का संचरण होता है। अंतरंग हो या बहिरंग, भावनाओं का आकर्षण और विकर्षण होता है। ऐसे ही कृष्ण नाम ध्वनि ने कवयित्री माला के मन को आलोकित कर दिया, मनसा, वाचा, कर्मणा से युक्त समर्पण ने प्रभुप्रसाद स्वरूप "कृष्ण लीला वल्लरी" की रचना कर कृष्ण भावनामृत आंदोलन में एक कड़ी जोड़ कर अग्रसर किया। कृष्ण तो साक्षात् प्रेम हैं। प्रेम ही मानव जीवन का आधार है।

कृष्ण लीला वल्लरी, प्रेम पुंज वर्धनी
जीव जीवन निर्मली, कर्म कुंज कर्धनी

रिझे नही जप तप हवन ज्ञान दान उपासना
मिले नही सहज दर्शन करे सतत आराधना
रुचे नही महल मिष्ठान नही भोग विलासना
भावे मन माखन मिश्री तुलसीदल विराजना
दौड़े आवें सुन पुकार समर्पित भक्ति भावना
मिले कृष्ण "माला" चित्त मंगल प्रीति याचना

इसी याचना के फलस्वरूप, आनंद के सरित सरोवर से अँजुरी भर भर कर कृष्ण लीलामृत को बाँटने का संकल्प किया। उनकी लेखनी ने मानवीय मूल्यों के संरक्षण, संवर्धन और प्रचारण में दार्शनिक एवं आध्यात्मिक मूल्यों के सहयोजन को समाहित कर मानवीय जीवन को परमगति के मार्ग पर चलने के लिए उत्प्रेरित किया है।

कृष्ण की बाललीला, कंस का क्रोधावेश, गोकुल में विरह वर्णन आदि सोपान ने वर्णन को मूर्तरूप दिया है।

नही बजे धुन बाँसुरी, नीरव गोकुल गलियाँ
नही बिलोय माखन मैया, रीति पड़ी हंडियां
सूना तट सूना पनघट, सूने तरुवर पात
सूनी आँखें, सूनी रातें, सूने गोपियन गात
भींगा आँचल, रुँधा कंठ, रुक्ष हुई रसना
निर्झर माँ की अँखियाँ, बिन दरस किसना

काव्य में प्रयुक्त सटीक शब्दावली ने प्रसंगों के अंतर्भाव को सूक्ष्मता से प्रदर्शित किया है जो मन मानस में उतर कर आत्मानुभूति प्रदान करते हैं।

ज्ञानवान उद्धव कृष्ण का संदेश, ब्रह्मज्ञान का उपदेश लेकर वृंदावन पधारे हैं। प्रेम के आगार ब्रज में बावरे हो विचर रहे हैं स्वयं राधा कृष्ण के प्रेम को समर्पित “राधेश्याम” की रटना में निम्नवत

विचर रहे वृंदावन वीथि, भ्रमित, भान-वार तिथि
करे अनुभूत दिव्य चिति, विस्मृत वेद शास्त्र मिति
उद्धव चित्त कृष्ण चरण, बरसे प्रेम सुवास
विहंसे मदन मुरारी, देख विचित्र विन्यास
भींग रहा रस सिंधु सखा, अतृप्त रही तृष्णा
उद्धव चित्त तरल सरल, जपे मन राधे कृष्णा

द्रौपदी की पीड़ा के मूर्तिमान चित्रण से मन पीड़ा और आक्रोश से भर उठता है। द्रौपदी के प्रश्न अनुत्तर ही रहते हैं।

क्या कोई हाथ काँपेंगे, खींचते चीर हमारी
क्या कोई भीष्म पिघलेगा, सुन चित्कार हमारी
क्या कोई कटार उठेगी, काटने विषबेल हमारी

कोई नही, बस कृष्ण अवलम्ब हमारे, दुशासन के विरुध्द स्वयं कृष्ण बनना होगा। इसी संकल्प घोष से नारी शक्तिकरण का आवाह्न किया है। कवयित्री के अध्ययन, चिंतन और मनन ने वर्तमान में नारी के बहुआयामी उत्पीड़न से मुक्ति का मार्ग प्रशस्त किया है।

मानवीय जीवन दर्शन का उपदेश महाभारत कुरुक्षेत्र में योगेश्वर कृष्ण के मुखारबिंद से निःसृत हुआ “महान गीता“ का उपदेश जो भारत ही नही, विश्व में- विश्व शांति का एकमात्र सम्बल है। अर्जुन का संशय ही “गीता” का उद्भव है।

देख विपक्षी वीरों को, अर्जुन का हृदय करुणार्द हुआ।

स्वजनों के वध का भय, मन व्यथित विषाक्त हुआ।

हैं कौरव मेरे संबंधी, उनका कैसे संहार करूँ?

कुरुकुल की वधुओं का, क्षीण मैं श्रृंगार करूँ?

बहे लहू स्वजनों का, कैसे धर्म व्यवहार करूँ?

कृष्णजी ने अर्जुन से प्रश्न किया

अधर्मियों की मृत्यु का शोक, तुझे है सता रहा

क्या जीवन का मोह तुझे, युद्ध से है डिगा रहा

मोह नही मुझे केशव, अपराध बोध है सता रहा

राज्य संपदा हेतु युद्ध, निकृष्ट कर्म है जता रहा

केशव ने अर्जुन को विराट स्वरूप का दर्शन कराया। गीतोपदेश के माध्यम से जीवन के सकल कर्म, धर्म का निर्वहन बिना फल प्राप्ति की कामना के संवहन करना जीवन का दर्शन बताया।

बढ़ चला निर्द्वंद्व, शेष नही कोई फंद। किया समग्र समर्पण, करने कष्ट निवारण।

करूँ कर्म वर्तमान, जो रचे ब्रह्म विधान। करूँ अर्चन शत् शत् वंदन, आया शरण तुम्हारी।

'सुदामा के संकोच' में मित्र प्रेम की पराकाष्ठा है। सुदामा संकोच कर रहे हैं कृष्ण न्योछावर हो रहे हैं। सारे भेद विभेद मिट गये हैं। यह आत्म मिलन की बेला है।

व्याकुल से दोनों मित्र, दौड़ पड़े अकुलाये।

लिपट पड़ी चारों बाँहें, निमिष काल भरमाये।

मिल रहे आकण्ठ सखा, रहा नही भेद

जीव ब्रह्म समरूप, मन में नही कोई खेद।

रचना में वर्णित सभी प्रसंगों को सारगर्भिता के साथ कवयित्री ने सरल छंदों में आबद्ध किया है। छंदों में प्रयुक्त शब्दावली सहज ग्राह्य है। भावनानुकूल अलंकार इसे सौंदर्य प्रदान करते हैं।

वर्तमान कलियुग में भौतिक सुखों के भोगवाद ने मानवीय संवेदना, ममता, प्रेम के प्राकृतिक सौंदर्य, आनंद और परमानंद के वातावरण को जर्जर, मरुस्थल बना दिया है। गीता प्रेम का आगार जीवन दर्शन है। निश्चय ही इसका पठन पाठन विश्व को आनन्दाश्रम का रूप देगा।

कवयित्री माला ठाकुर की लेखनी से ऐसी सुंदर रचनाएँ निशृत होती रहें मेरा शुभाषीश है।

विश्व को संदेश जाये- LOVE IS GOD, WORSHIP IT

प्रेम ही ईश्वर है, इसकी पूजा करो

जय कृष्ण केशव राधेश्याम

राजाराम भारद्वाज (मंडला)
एम.ए.(इतिहास)
वार्ड क्रमांक 28 स्नेह नगर बालाघाट

काव्य कलश

वृंदावन की वीथि में, बहती प्रेम की धारा है।
हर हृदय की धड़कन ने, कृष्ण नाम उचारा है।
लता, पर्ण, पुष्प, रेणु, माखन, मिश्री, वंशी, धेनु
पर्वत, पवन, कुंज, मधुवन, यमुना ने जुहारा है।

ग्वाल, बाल, गऊओं का, मोहन मुरली वाला है।
गोपियों के मन विराजे, सांवरा उजियारा है।
श्यामा, गौरी, कदंब डाली, झूम रही मतवाली
नटवर नंद का लाल, यशोदा का दुलारा है।

हरा इंद्र का अभिमान, गोवर्धन गिरि धारा है।
रखा भक्तों का सम्मान, असुरों को संहारा है।
संग न्याय, धर्म, नीत, निभाये मीत, प्रीत, रीत
मिटा उद्धव का विकार, हृदय प्रेम रस काढ़ा है।

प्रेम से रीझे हैं भगवान, यही सत्य संवारा है।
दुर्योधन के मेवे त्यागे, साग विदुर का प्यारा है।
खाये सुदामा के तंदुल, रखा मित्र का गौरवमान
रखी लाज नारी की, जब द्रौपदी ने पुकारा है।

करें कर्म परमार्थ, भवसागर पार उतारा है।
करें कर्तव्य प्रधान, जीवन धर्म निखारा है।
आसक्ति आत्मा का शत्रु, यही मर्म पहचान।
देकर गीता का ज्ञान, अर्जुन को उबारा है।

प्रेम मंजरी

अपलक निहारें कृष्णा, श्याम सखी यमुना।
वृंदावन की श्रुतियाँ, बिसरे नही ब्रज अँगना॥

परीक्षित का स्वर्गागमन

पूर्व काल में हुए, परीक्षित राजा महान।
धर्मशील, कर्तव्यनिष्ठ, प्रतिष्ठित विद्वान।
करने गये आखेट वन, भटके दिन तमाम।
क्षुधा से व्याकुल नरेश, पाये नही आराम।
गये निकट आश्रम, करने शिथिल थकान।
ध्यानस्थ ऋषि को, हुआ नही कुछ भान।

पड़ी दृष्टि काल की, किया क्रूर प्रहार।
निष्ठावान नरेश का, बढ़ा क्रोध अपार।
हुआ समय विपरीत, मति हुई विकराल।
दिया मृतसर्प एक, ऋषि कंठ में डाल।
काल के अधीन राजा, भरा चित्त विकार।
लौट चला विचलित मन, कर रहा विचार।

करे जब काल प्रहार, निर्मम हो जाती नियति।
भ्रमित भेद नीति अनीति, कुंठित हो जाती मति।
बढ़ जाता द्वेष, दम्भ, अहंकार, अभिमान।
हो जाता नर विवेकहीन, करे कर्म अज्ञान।

काल की गति को, कौन सका पहचान।
नियति के आगे, नतमस्तक सभी सुजान।

ऋषि पुत्र ने लिया, अपमान का प्रतिकार।
सप्तदिवस में सर्पदंश से, मृत्यु का उपहार।
भवन पहुंच नरेश ने, किया आत्म संधान।
कालवश निज कृत्य से, कैसे पायें त्राण।
हुआ व्यथित नरेश मन, करे सतत विचार।
सीमित जीवनावधि में, करें कौन व्यवहार।

सन्निकट मृत्यु खड़ी, हुआ राजा को भान।
बतायें मार्ग मुनिजन, हो जीवन कल्याण।
करे नर कौन सत्कर्म, हो जाये भव पार।
बतायें ऋषि श्रेष्ठ, सीमित अवधि भार।
जप, तप, दान, यज्ञ से, मुक्त नहीं जन्म मरण।
लेकर विभिन्न योनि, करे निरंतर भव भ्रमण।

सम्मुख आये सुखदेवमुनि, करने समाधान।
श्रवण करें राजन, श्रीमद्भागवत पुराण।
सब ग्रंथों में श्रेष्ठतम, मुक्ति का उपाय।
समर्पित ईश्वर भक्ति, करे मोक्ष प्रदाय।
दिये सुखदेवमुनि, भगवद्पुराण व्याख्यान।
निर्मल मन परीक्षित, करें कथामृत पान।

हुई नही जिज्ञासा शांत, पाये नही आराम।
अतृप्त मन की कामना, चित्त नही विश्राम।
कैसे मिले मुक्ति, कैसे जाऊँ प्रभु द्‌वार।
मिटे कामना भँवर, करूँ भवसागर पार।
सुनायें ऋषि श्रेष्ठ, कृष्ण लीला विस्तार।
भींगे आतुर मन, कृष्णजीवन रसधार।

गीत: भक्तों की पुकार

हे केशव मदन मुरारे, मिटा अधर्म अंधियारे।
हर कलुष तम सारे, उर ज्ञान ज्योत जगा रे।
हे केशव मदन मुरारे........
बीता जीवन माया नगरी, रचे मोह गलियारे।
डूब रहा कामना दलदल, राग द्वेष खड़े द्वारे।
नही मुक्त मद मत्सर, अवश मन राह निहारे।
हे केशव मदन मुरारे......
शिथिल देह साधन छीजे, निपट मूढ़मति हारे।
झूठे रिश्तों के जंगम, नही कोई बंधु सखा रे।
भंवर बीच फंसी नैया, अब तेरी शरण पड़ा रे।
हे केशव मदन मुरारे..........
कर स्वीकार गुण आगार, नेह सुधा बरसा रे।
हुआ संसार निराधार, भवसागर पार करा रे।
हे दीनबंधु करुणासिंधु विह्वल "माला" पुकारे।
हे केशव मदन मुरारे...........

कारागार में कृष्ण जन्म

बढ़ रहा धरा पर, अधर्म अत्याचार अति।
हो रहा कंसासुर, क्रूर निरंकुश मूढ़ मति।
डरे सहमे बालक वृद्ध, नही न्याय की रीत।
किये अपमान पिता का, करे शासन कुरीत।
क्षीण हुए पुण्य कर्म, धर्म का बढ़ा शोषण।
सत्य हो रहा दमित, अधर्म का बढ़ा पोषण।

विवश हुए गुणी जन, अत्याचार करे दुर्जन।
अकुला उठी धरणी, व्यथित हो रहे सज्जन।
निरंकुश कंस सम्मुख, हो रहे सब नत मस्तक।
क्रूर असुर संहारे, अनगिनत अबोध अब तक।
असह्य हो रहा जीवन, कर रहे सब आर्तपुकार।
सुन पुकार भक्त जनों की, प्रगटें प्रभु तारणहार।

दमक रहा अर्ध चन्द्र, गगन के ललाट पर।
बिखर रहीं रश्मियां, तरुण रजत काल पर।

विसर्जित हुए सभी पुत्र, शेष अंतिम कड़ी।
वसुदेव देवकी समक्ष, कठिन परीक्षा घड़ी।
कैसे रक्षित करें पुत्र, विकट समस्या बड़ी।
अवरुद्ध तन अवश मन, पांव बेड़ियाँ पड़ी।

मातृत्व हो रहा दंशित, नृशंस व्याघात पर।
निस्तब्ध हुई मानवता, निर्मम आघात पर।
कर रही निशा गमन, प्रतीक्षित उजास है।
प्रस्तर प्रिया वसुदेव की, उर निमिष श्वास है।
व्यतीत नौ मास विशेष, उत्कट अभिलाष है।
दीप्तिमयी हो रही देह, प्रणव उच्छ्वास है।

विकल हुए नर नारी, सब ओर मचा हाहाकार।
सूझे नही दिशा द्वार, डूब रहे सकल मंझधार।
अचेत हुए प्रहरी जन, छाया भयावह अंधकार।
ध्यानलीन वसुदेव देवकी, कर रहे ईश पुकार।
अंबर कर रहा नर्तन, नियति कर रही अट्टहास।
कांप रहा कंसासुर, देख प्रकृति विजयोल्लास

अनायास द्युति दामिनी, कोटि किरण उद्भास।
छाये नभ मेघ घन, उमड़ घुमड़ बरसे उल्लास।
आलोकित हो उठा कक्ष, अपूर्व अद्भुत कांति।
निर्झर अनश्वर ज्योत्स्ना, अलौकिक विश्रांति।

स्फूर्तमय हो उठी जननी, विस्मृत मनस भ्रांति।
बरस रहा आनंद असीम, ह्रदय व्याप्त शांति।

अद्भुत शिशु स्पंदन, करे नवल नेह सृजन।
चैतन्य हुए वसुदेव, प्रगटे बालकृष्ण मदन।
हरने कलुष तम गहन, उदित पुंज प्रकाश।
करने शिथिल बंधन, हर्षित ह्रदय उल्लास।
निष्कंटक देहरी द्वार, आये धरा चितचोर।
छाया सघन अंधकार, बरसे मेघ घनघोर।

दे रही नियति निर्देश, द्वार खड़े विघनेश।
सजग सुने वसुदेव, मिटे सकल क्लेश।
उठाये पुत्र अंक, वसुदेव गंतव्य ओर।
जलमय हो रहा पंथ, दिखे नही छोर।
ब्रह्म संग निर्भय, चल रहे कर्म पथ।
विलीन कष्ट कंद, बढ़ रहे धर्म पथ।

सत्वर चले वसुदेव, ह्रदय विश्वास धारण।
बढ़े यमुना जल उद्वेग, करने पद प्रक्षालन।
किये छत्रछाया शेष, बाल ब्रह्म नारायण।
बीते अवधि विशेष, आज हुआ पारायण।
चलें धर्म की राह सदा, गुणीजन सुजान।
होता पथ कंटकाकीर्ण, रहे अधर मुस्कान।

पहुंचे वसुदेव नंद सदन, ईश्वर हुए सहाय।
दिया पुत्र यशोदा अंक, कन्या हृदय लगाय।
लौट चले वसुदेव, हृदय परम का ध्यान।
रक्षित हुआ पुत्र, मिटे सकल व्यवधान।
शांत चित्त वसुदेव, पहुँचे मथुरा द्वार।
करे प्रतीक्षा कारागार, ईश्वर है उदार।

गोकुल में कृष्ण जन्मोत्सव

बिखर रही ज्योत्स्ना, लावण्यमयी वसुन्धरा।
विलीन हुए ताप तिमिर, प्रफुल्लित ऋतुम्भरा।
शब्द कर रहे नर्तन, गुंजारित नाद व्योम धरा।
हर्षित जन मन सघन, अवतरे कंदर्प हरा।
हरने पृथा का भार, करने धर्म स्थापना।
आये भूलोक परम, भरने प्रेम उजासना।

बरस रहा आनंद घन, सृष्टि आज पावन।
हुलसित नंद यशोदा, चहक रहा आंगन।
निशंक हुई धरा आज, तृप्त हुई तृष्णा।
दृष्टि कर रही कर्षण, नाम धरे कृष्णा।
धन्य हुआ वृंदावनधाम, करे किलोल यमुना।
बांसुरी कर रही नर्तन, पुलकित मदनमोहना।

रूप सलोना बांका छौना, लगाये माई डिठौना
नयन कजरारे लट घुंघराले, मैया गोद बिछौना।
नैन मूंद मैया अंक, सुने माता की लोरियाँ।
बांध रहे सबके मन, नेह प्रीत की डोरियां।

धन्य हुआ नंद ग्राम, झूल रहे ब्रह्म पलना।
मुग्ध मन निहार रही, यशोदा अंक ललना।

नंद दुलारे यमुना पुकारे, रिझाये मुरली तान।
करें अठखेली कृष्ण हरि, नंदरानी हुई हैरान।
पूतना मारे गोवर्धन धारे, मिटाये इंद्र अभिमान।
नटवर नागर सब गुण आगर, नित नये संधान।
नंद दुलारा आंख का तारा, खेल रहा अंगना।
जग नियन्ता असुर हंता, बढ़ने लगा ललना।

कृष्ण की बाल लीला

गऊएँ प्यारी, रास विहारी, नवनीत आहारी श्याम।
कालिया नाथे, घट घट व्यापे, वृंदावन तीर्थ धाम।
ब्रह्मा भरमावें, गोधन छिपावें, लेने परीक्षा करतार।
किये सृजन, कृष्ण नयन, जग नियन्ता जगदाधार।
चकित मुदित हुए ब्रह्मा, देख अलौकिक रचना।
कर प्रणाम किये प्रस्थान, विहंसे बांके नयना।

पंछी करें किलोल, छलछल यमुना स्वर।
गायें गीत गोपियां, भरें जल पनघट पर।
करे प्रतीक्षा बरसाने में, वृषभानु की लली।
देख छवि मुरलीधर की, खिल जाती कली।
हरे पीर, यमुना तीर, अद्भुत चित्त हरणा।
बन जोगन, फिरें वन वन, ढूंढे मन मोहना।

गीत: मैया मोहे माखन दे दे क्षुधा बहुत सतायो

मैया मोहे माखन दे दे
क्षुधा बहुत सतायो
तोरी गैयां तगड़ी मैया
पहर भर दौड़ायो। मैया मोहे.........
धूप चढ़े वन वन भटक्यो
रंग हो गयो गाढ़ो
मोहे कलुआ बोल के माई
दाऊ बहुत खिझायो। मैया मोहे...........
मैं भोलो मन के उजरो
गोपियां बड़ी ढिठायो
जान के मोहे बालक छीनो
अतिशय नाच नचायो। मैया मोहे...........
ग्वाल सखा निपट नटखट
मोहे कदंब डाली चढ़ायो
छीन के मोरी माखन लुइयां
मुख बरबस लिपटायो।मैया मोहे.........
ले ले अपनी लकुटि मैया

बहियन बहुत थकायो
कहे 'माला' सुन मोहन बतियां
मैया नैन भर आयो। मैया मोहे.........
मैया मोहे माखन दे दे
क्षुधा बहुत सतायो

★ ★ ★

कंस का षड्यंत्र एवं अक्रूर का गोकुल आगमन

विमुग्ध मन निहारें अंक, नंदरानी यशोदा।
बरस रही वृंदावन, अद्भुत अकूत संपदा।
देख गोकुल का ऐश्वर्य, कंस हुआ सशंक।
कृष्ण देवकी अष्टम गर्भ, पल रहा निशंक।
बढ़ा असुर क्रोध, पाखण्ड, दम्भ, विकार।
करे क्रूर कृत्य अधर्म, असुर मद अपार।

बढ़ा कंसासुर आतंक, करे नित नये उत्पात।
व्यथित हो रहे निर्दोष जन, सह रहे आघात।
देख कंस की बर्बता, अकुला उठी धरणी।
आहत मन यशोदा, कराह उठी जननी।
भेजे असुर विविध, करने कृष्ण संहार।
कर रहा प्रयास निरंतर, माने नही हार।

रचा षडयंत्र कंसासुर, समारोह उत्सव भारी।
भेजा आमंत्रण नंदराय, करें क्रीड़ा गिरधारी।

आये अक्रूर नंद गाँव, लेने कृष्ण बलराम।
संशयित मन यशोदा, चित्त नही आराम।
नंद सदन में हो रहा, अक्रूर का सम्मान।
व्यथित मन अक्रूर, किये संदेश बखान।

कृष्ण बलराम का मथुरा प्रस्थान

जान कंस की मनसा, घुटे हलक में श्वास।
निहारे माता कृष्ण मुख, बुझे नही प्यास।
चित्कार उठा ह्रदय, यह कैसा परिहास।
कृष्ण है देवकी पुत्र, कैसे करे विश्वास।
प्रस्तर सी खड़ी यशोदा, निठुर नियति विधान।
निःसृत बरसों की ममता, तरल तृषित म्लान।

कृष्ण मे निहित रही, जीवन भर की आस।
छोड़ चला बहियाँ मेरी, सूना नंद निवास।
कर रहा ह्रदय क्रंदन, बहे नयन रसधार।
चित्त बसे कृष्ण मदन, लीला रही निहार।
अक्रूर संग चले नगर, नंदलला बलराम।
छूट गयी बचपन डगर, छूटे सब आराम।

हो रहा सज्जित प्रदेश, विराजे जन अनेक।
शोभा व्रजमंडल विशेष, कृष्ण हलधर नेक।

व्याकुल हो रहा कंस, देख काल नर्तन।
भ्रमित हो रही बुद्धि, दर्शन मदन मर्दन।
बढ़ रहा असुर आवेश, बुद्धि हुई मलीन।
कर रहा मूढ़ प्रयास, काल के अधीन।

कंस वध एवं नंद गोपों का लौटना

अचंभित हुआ असुर, देख कृष्ण क्रीड़ा।
कर रहा प्रहार निरंतर, हृदय नही पीड़ा।
मिटा सका है कौन, लिखा ब्रह्म कपाल।
हो रहा भयभीत जड़, खड़ा सामने काल।
गिरा भूमि पर असुर, खाकर मुष्टि प्रहार।
अन्याय हंता कृष्ण ने, किया कंस उद्धार।

करे प्रजा जय-जयकार, कृष्ण शील व्यवहार।
किये प्रतिष्ठित उग्रसेन, संभालने शासन भार।
मुक्त हुए वसुदेव देवकी, पाये सकल विश्राम।
लौट रहे सब व्रजवासी, बिना कृष्ण बलराम।
निस्पंद हुआ नंदसदन, जड़ हो रही चेतना।
निरत द्वार निहारे मैया, शुष्क हुई वेदना।

गोकुल में विरह वर्णन

नही बजे धुन बांसुरी, नीरव गोकुल गलियाँ।
नही बिलोये माखन मैया, रीति पड़ी हंडियां।
सूना तट, सूना पनघट, सूने तरुवर पात।
सूनी आंखें, सूनी रातें, सूने गोपियन गात।
भींगा आंचल, रुंधा कंठ, रुक्ष हुई रसना।
निर्झर मां की अंखियां, बिन दरस किसना।

सतत प्रतीक्षा कृष्ण की, करें सब आठों याम।
नही शरद, नही वसंत, निहारें नयन अविराम।
सूना मधुवन, सूने झूले, सूना सावन मास।
नही होली, नही दिवाली, नही पूर्णिमा रास।
गोपियन संग अठखेली, चुराये चित्त वसना।
बजा के वंशी यमुना तट, पुकारे मन मोहना।

दुहें नही ग्वाले दूध, बिन मोहन गायें उदास।
ताक रहे सखा पंथ, हृदय मिलन की आस।

पुकार रहीं विरही सखियाँ, बहे प्रीत रसना।
बरस रही निर्मल फुहार, निर्झर नीर नयना।
अपलक निहारें कृष्णा, श्याम सखि यमुना।
वृंदावन की श्रुतियां, विसरे नही व्रज अंगना।

विरह गीत: गीत प्रेम के कैसे गाऊं

गीत प्रेम के कैसे गाऊं?
मन की मुरली किसे सुनाऊं?
गंऊएं बैठीं भूखी बेचारी
गोपियन रूठीं राह निहारी
रीति माखन की हंडिया री
सूनी दरस बिन अंखियां री
मन की प्यास कैसे बुझाऊं? गीत प्रेम के..........
विस्मृत होती सुधियां सारी
रिश्ते नाते दुनियादारी
ओढ़े तनमन पीत पट सारी
व्रज ललना की ये लाचारी
तुम संग कैसे नैन मिलाऊं? गीत प्रेम के..........
वृंदावन की सूनी अटारी
बिन पल्लव है तरुवर डारी
गीतों के हैं बोल अधूरे
ठिठके खड़े मन के मयूरे
सुधि में कैसे पंख लगाऊं? गीत प्रेम के........
श्यामल मेघ आस जगाये
गरजे चमके अगन तपाये

विरह मिलन की रास रचा ली
'माला' मन की चाह निराली
कमल चरण भ्रमर बन जाऊं
गीत प्रेम के मैं नित गाऊं
मन की मुरली तुम्हें सुनाऊं

कृष्ण उद्धव संवाद

एक दिवस द्वारिकाधीश, विराजे एकान्त।
निकट आये उद्धव, देख मलीन मुख कांत।
विह्वल हो रहा ह्रदय, पाये नही आराम।
व्यथित हो रहा मन, स्मृति गोकुल धाम।
सखियों संग अठखेली, आलोड़ित अभिराम।
पुलकित मन पुकार रहीं, मधुसूदन घनश्याम।

हे परमेश्वर, जग नियन्ता, सर्वव्यापी मुक्तिधाम।
प्रगटे विष्णु नारायण, मायापति मायाधाम।
रत- विरत, प्रीत- अप्रीत, देह- विदेह, सम-भान।
कैसे व्यापे विरह वेदना, कृष्ण स्वयं संज्ञान।
लिये अवतार धरा पर, करने धर्म स्थापना।
हे केशव मदनमुरारी, विसारें मोह रंजना।

हो रहीं विकट बावली, पहन विचित्र परिधान।
घूम रहीं गोकुल गलियाँ, रिझायें मुरली तान।
भक्त-अधीन रहें परम, विमल प्रीत विज्ञान।
हो रहीं सलिला मगन, विस्मृत नीति ज्ञान।

डूब रहा आकंठ मैं, देख कौतुक व्यंजना।
थमे नही प्रेम प्रवाह, असह्य प्रीत मंझना।

बरसे किंशुक कुसुमसी, बरसाने की लठियां।
बह रही उन्मुक्त पवनसी, बाज रही पैजनियां।
ग्वाल बाल सखि संग, भींगे रंग फागुनिया।
मारें चितवन पिचकारी, भर मिश्री ढलिया।
बिखर रहा वसंत तट पर, गुलाल हुई यमुना।
गोपियों की रार चिरोरी, झुलाये रही पलना।

हे केशव! रखें संयम, यह कैसा प्रीत विकार।
ज्ञान से जड़ जीव भी, होते भवसागर पार।
देख कृष्ण की विह्वलता, उद्धव उर अहंकार।
कैसे व्यापे विरह वेदना, श्रीकृष्ण ब्रह्म अवतार।
ज्ञान से संभव उद्धार, मिटे मोह व्यसना।
करें उपदेश उपचार, हरें अज्ञान ललना।

अच्युत, अगोचर, अविनाशी, परमब्रह्म परमेश्वर।
लिये अवतार नारायण, सच्चिदानंद जगदीश्वर।
कर रहे कृष्ण लीला, हरने भक्त अभिमान।
उलझे उर प्रेम वल्लरी, नही समय का भान।
जाओ उद्धव वृंदावन, जगाओ ज्ञान ज्योत्स्ना।
करो अवरुद्ध प्रेम प्रवाह, बनो पतवार विधना।

जागृत उद्धव अहंकार, बनूं मैं कृष्ण पतवार।
शास्त्र सम्मत उपदेश से, करूं सकल उपचार।
सद्य हुए उद्धव, पहुंचाने कृष्ण संदेश।
हरूं चित्त अवसाद, निश्चिंत रहें व्रजेश।
माधव हृदय उदार, भक्त वत्सल मथना।
चले उद्धव वृंदावन, देने ज्ञान व्रज ललना।

उद्धव का वृंदावन आगमन एवं गोपियों को उपदेश

पहुंचे उद्धव गोकुल, सुन आयीं चपल चरणा।
संग लायीं माखन लुइयां, भोजन नंद नंदना।
कृष्ण हमारे प्राण से प्यारे, मधुसूदन गोपार।
प्रीत पिपासु ह्रदय जिज्ञासु, कर रहीं जुहार।
देख उद्धव कृष्णसम, उत्कंठित मन तृष्णा।
मूर्त छवि मधुसूदन, निरत निहारें नयना।

छोड़ गये बरसों से, ली नही सुधि नाथ।
भेजी प्रेम की पाती, अब तुम्हारे हाथ।
दौड़ पड़ीं सब बेपर सी, लेने प्रेम की पाती।
लगा रखेंगे इसे सीने से, यही हमारी थाती।
छीन रही मतवारी सी, रहा कोई बोध ना।
भींग रही रसधारी सी, कृष्ण हमारे मोहना।

देख गोपियों की दशा, उपजा ज्ञान विकार।
बोले उद्धव मैं कृष्ण सखा, हरूँ उर अंधकार।
बहाये ज्ञान गंगा उद्धव, करें उपदेश पुकार।

कृष्ण विष्णु नारायण, जगत के पालनहार।
असुर हंता ब्रह्मांडनायक, स्वयं भू संरचना।
लिये परम अवतार, करने धर्म संस्थापना।

सुन उद्धव उपदेश, गोपियां अधीर अकुलायीं।
हैं कृष्ण सखा हमारे, पुलकित नयन छलकायीं।
विराट व्यापक सर्वेश्वर की, नही हमारी चाह।
मदन गोपाल मुरलीधर की, नयन निहारें राह।
मनलीन वृषभानु दुलारी, रचें स्वांग कृष्णा।
लोचन भींचे सुनें बांसुरी, ह्रदय रास रचना।

गोपियों का प्रेम में विह्वल होना

अंखियां भयीं अबीर सखि
पलक भयी काजुरी
कपोल टेसु रंग रंगे
अधर भये फागुरी

नयन बीच विराजे कान्हा
पलक बनी मोहरी
कैसे निहारूं कृष्ण सखि
लाज भयी दोहरी

सघन मेघ संग श्याम छुपे
भ्रमर बीच पांखुरी
कैसे पुकारूं कृष्ण सखि
गूंजे चित्त बांसुरी

★ ★ ★

मन में प्रीत नयन हरषावे
जब मुरली की धुन गुंजावे

झुमका बहके गजरा महके
पायल छूटे कंगना खनके
दौड़ी भागी गिरती उठती
गोपियन की है आस जगावे। जब मुरली........
श्यामा गौरी भूरी करिया
रागिनी मोहिनी कमला विमला
जब गऊंवन को हांक लगावे
धेनु भी रसधार बहावे। जब मुरली...........
जूही चमेली चम्पा केतकी
टेसु मोंगरा गेंदा केसरी
हर श्रृंगार की सेज बिछावे
चहुं ओर सुरभि बिखरावे। जब मुरली...........
गगन चंद्र नूपुर झंकारे
आसमान से देव उचारे
कर किलोल यमुना हुलसावे
अवनि अम्बर हिल मिल जावे। जब मुरली
मधुयामिनी मृदंग मदमावे
'माला' उर आनंद उमगावे
श्वेत सलिल गंगधार बहावे
निराकार ओंकार रचावे। जब मुरली..........

★ ★ ★

सींच सींच रंग मतवारी भईं हैं
गोपियां रंग मदन मुरारी भईं हैं

नही भेद अब कोई, समझ में आये
डाले रंग निज अंग या दूजे पर ढाये
डूब कान्हा रास रंग न्यारी भईं हैं
सींच सींच रंग मतवारी भईं हैं

डाले रंग ऐसे कि, चित्त भी रंग गयो
गाये फाग ऐसे कि, वसंत महक गयो
नहि सुध बुध कोई, रास विहारी भईं हैं
गोपियां रंग मदन मुरारी भईं हैं

मुरलि की धुन सुन, नयन अबीर भयो
टेसु के गुच्छ बीच, भ्रमर मदील भयो
छोड़ लोभ मोह अब, वीतरागी भईं हैं
सींच सींच रंग मतवारी भईं हैं
गोपियां रंग मदन मुरारी भईं हैं

उद्धव का प्रेम बोध

धूमिल हुआ विकार, उद्धव चित्त दर्शन।
डूबा ज्ञान प्रेम सिंधु, हुआ आत्म मंथन।

1
प्रेम उपासना प्रेम आराधना
प्रेम ही साधना प्रेम प्रार्थना
प्रेम सत्य है प्रेम ही ईश्वर
प्रेम शाश्वत प्रेम अनश्वर
प्रेम जगत का है आधार
प्रेम से सुंदर जग संसार
प्रेम शास्त्र है प्रेम विज्ञान
प्रेम से होते सब संज्ञान

2
प्रेम बिना जीवन निस्सार
प्रेम से हो भवसागर पार
प्रेम से जो करें व्यवहार
पायें जग में आदर सत्कार
प्रेम है अंकुरण प्रेम स्फुरण

प्रेम आचरण प्रेम जागरण
प्रेम से मिटे सब व्यवधान
प्रेम से मानव बने महान

3
प्रेम वेद है प्रेम ऋचा
प्रेम चिति है प्रेम श्रिया
प्रेम नियति है प्रेम प्रकृति
प्रेम सृष्टि की अनुपम कृति
प्रेम पवन है प्रेम गगन
प्रेम अगन है प्रेम लगन
प्रेम चेतना प्रेम है ध्यान
प्रेम धरा का निर्मल गान

4
प्रेम गीत है प्रेम संगीत
प्रेम मीत है प्रेम पुनीत
प्रेम भोर का है उच्छ्वास
प्रेम मिलन का है उद्भास
प्रेम पृथा का उल्लास
प्रेम जीव का है अभिलाष
प्रेम से जीवन का विहान
प्रेम जीव का मोहक भान

5

प्रेम उमंग है प्रेम तरंग
प्रेम धवल है प्रेम नवरंग
प्रेम प्रतीक्षा प्रेम परीक्षा
प्रेम धीरता प्रेम है दीक्षा
प्रेम संस्कृति की गरिमा
प्रेम प्रकृति की महिमा
प्रेम से पावन है सब ज्ञान
प्रेम से होता जग कल्याण

6

प्रेम है अर्चन प्रेम है वंदन
प्रेम है नर्तन प्रेम स्पंदन
प्रेम मलय है प्रेम मकरंद
प्रेम प्रसून है प्रेम सुगंध
प्रेम तरुण है प्रेम है सोम
प्रेम वरुण है प्रेम है व्योम
प्रेम ऐश्वर्य प्रेम है काम
प्रेम अनंत प्रेम निष्काम

7

प्रेम सौम्य है प्रेम सरल
प्रेम शौर्य है प्रेम अटल
प्रेम उदार है प्रेम सम्राट
प्रेम ओंकार है प्रेम विराट

प्रेम है ऊर्जा प्रेम है शक्ति
प्रेम है पूजा प्रेम है भक्ति
प्रेम सहिष्णु प्रेम उद्दाम
प्रेम नारायण शालिग्राम

8

प्रेम है निर्भय प्रेम सदय
प्रेम वीथि है कठिन वलय
प्रेम सुधा है प्रेम गरल
प्रेम विमल है प्रेम तरल
प्रेम अरुण है प्रेम करुण
प्रेम गहन है प्रेम सृजन
प्रेम नियति का अभिज्ञान
प्रेम संतति का अंतः प्रयाण

9

प्रेम प्रणय का उद्‌गार
हृदय वीणा की झंकार
प्रगटे कृष्ण प्रेम अवतार
खिले असंख्य पद्म उपहार

प्रेम ब्रह्म का प्रथम संवाद
प्रेम व्योम का अनहद नाद
प्रेम सृष्टि का अभ्युत्थान
प्रेम प्रणव का अद्भुत वरदान

उद्धव की पुकार

हे केशव मदन मुरारे, तुम्हें उद्धव पुकारे।
हुआ चित्त बेसुध बावरा, डूब रहा मंझधारे।
विस्मृत ज्ञान वेद ब्रह्म, हृदय प्रेम रसधारे।
बन मेरे करतार सांवरे, भवसागर पार करा रे।
हे केशव मदन मुरारे.......

चकित भ्रमित उद्धव, विस्मृत ज्ञान भंडार।
अश्रुत हुए उपदेश, हृदय प्रेम रसधार।
सकुचाया ज्ञान शास्त्री, मिटा दम्भ विकार।
गोपियां निर्मल प्रीतसिंधु, माने उर उपकार।
निहारे उद्धव सखि नयन, दर्शे मदन मोहना।
भींगे भक्ति तनमन ज्ञानी, विसरे वेश वसना।

विचर रहे वृंदावन वीथि, भ्रमित भान वार तिथि।
करें अनुभूत दिव्य चिति, विस्मृत वेदशास्त्र मिति।

उद्धव चित्त कृष्ण चरण, बरसे प्रेम सुवास।
विहंसे मदन मुरारी, देख विचित्र विन्यास।
भींग रहा रससिंधु सखा, अतृप्त रही तृष्णा।
उद्धवचित्त तरल सरल, जपे मन राधेकृष्णा।

उद्धव का प्रेममय समर्पण

नेह प्रीत से बंधी ये डोरी, जपे मन माधव कृष्ण हरि।
जीव ब्रह्म की अटूट जोड़ी, बसे चित्त घनश्याम हरि।
प्रेमविहीन ज्ञान अधूरा, बिन्दी बिना श्रृंगार।
भावहीन भक्ति निरर्थक, माया बिन संसार।
प्रीत रहित जीवन जड़, शास्त्र वेद निष्प्राण।
शक्ति बिना शिव अधूरे, भक्ति बिना भगवान।

करे जीव पुरुषार्थ, तजे द्वेष दम्भ वासना।
हो प्रेम निस्वार्थ, मिटे लोभ मोह कामना।
धन्य हुआ जीवन केशव, दर्शन वृंदावन धाम।
पड़े उद्धव कृष्ण शरण, हुआ चित्त निष्काम।
लगाये कंठ कृष्ण उद्धव, अद्भुत रूप मथना।
हुआ ज्ञान परम प्रेममय, अमल चित्त अंजना।

हरे ताप मोह तम, करे क्षीण अभिमान।
हुआ ज्ञान पूर्ण परम, पावन लीलाधाम।

अलौकिक दिव्य गाथा, कृष्ण प्रेमावतार।
अद्भुत अनुपम ऐश्वर्य, रचे कृष्ण संसार।
डूबे उद्धव केशव संग, हृदय रास रचना।
दरसे पुनीत प्रेमलीला, बरसे फाग मदना।

गीत: भोर भयी अंग अरुण रंग

भोर भयी अंग अरुण रंग छायो रे
गोपियों को देख गुलाल मुसकायो रे

रंगी रंगी ठाढ़ी हैं हर ड्योढ़ी वारि हैं
ग्वाल बाल सखा संग कृष्ण मुरारी हैं
सुन धुन मुरली यमुना किलकायो रे
गोपियों को देख गुलाल मुसकायो रे

सुरमयी अम्बर बिखराये सत रंग
खिले उपवन टेसु कचनार संग संग
आम्र बौर कुंजन अबीर बरसायो रे
गोपियों को देख गुलाल मुसकायो रे

प्रेमरस रंग भर चितवन पिचकारी
कान्हा को लपेटे है पीत पट सारी
भौरों की गूंज सुन नैन मदमायो रे
गोपियों को देख गुलाल मुसकायो रे

कली कली खिल उठे लेके अंगड़ाई
गली गली झूम उठे बाजे शहनाई
हुलसे "माला" हिय वसंत द्वार आयो रे
गोपियों को देख गुलाल मुसकायो रे
भोर भयी अंग अरुण रंग छायो रे

कर्म मंजरी

एकनिष्ठ समर्पित मन, करें कर्म निष्काम।
छूटे तृष्णा मिटे भव भय, पायें मोक्षधाम।

द्रौपदी की पीड़ा

कपट द्यूत की आँधी भीषण, धर्म की बलि चढ़ी।
सत्ता का लोलुप उत्पीड़न, अन्याय की मति बढ़ी।

कर रही वेदना व्यथित, मन उद्वेलित हो रहा।
वात्सल्य की धरा पर, ज्वालामुखी फूट रहा।
जर्जर हुई जननी, आँखों से लावा बरस रहा।
नारी लज्जा की शवयात्रा में, खड़ा काल निर्द्वंद रहा।

हुई नही तड़ित मेघों में, अंम्बर नीरव शान्त रहा।
रहा नही वेग पवन में, शीतल मंद प्रशान्त रहा।
सागर के उद्वेलन में, नही आवेग उफान रहा।
जमा लहू क्षत्रियों का, नही वीरोचित भान रहा।

देख विवशता धरणी की, सृष्टि का नही प्रलय हुआ!!
आग उगलते सूरज से, शिला का नही विलय हुआ!!

सौभाग्यशालिनी नारी, हतभागिनी कहलायेगी!
श्रीसम्पन्न पुण्य सलिला, बंजर भू बन जायेगी!

ऊर्जस्विता, तेजोन्मयी, क्या निस्पृह रह जायेगी!
हरी-भरी मनोरम मंगला, अजला कहलायेगी!!

क्या पाषाणी बन, जीवन गुजारना होगा!!
संवेदनामयी तरलता को, वज्र धारणा होगा!!
शापित अहिल्या का, अंगीकार संभव होगा!!
सबरी का सामाजिक, स्वीकार संभव होगा!!

द्रुपद सुता का ह्रदय आज, ज्वाला बन धधक रहा।
तार तार हो आंचल आज, अंगारा बन दहक रहा।

महावीर योद्धाओं की पत्नी होना, अभिशाप हुआ!
कुरुकुल की कुलवधु होना, भीषण महापाप हुआ!
याज्ञसेनी की ओजस्विता का, यह कैसा ह्लास हुआ!
नारी की अद्भुत गरिमा का, यह कैसा उपहास हुआ!

कुलश्रेष्ठों के समक्ष, तिरस्कृत हो बिलख रही।
नारी की मर्यादा आज, छिन्न भिन्न हो सिसक रही।
मूर्तिमान से बैठे दिग्गज, तमाशाई बन गौण रहे।
अन्याय का कीर्तिध्वज, फहराते सब मौन रहे।

अपमान की अग्नि शिखा, अंबर तक पहुंची जाती है।
दग्ध ह्रदय की लपटों से, प्रतिशोध उगलती जाती है।

क्या कोई हाथ काँपेंगे, खींचते चीर हमारी!
क्या कोई नेत्र देख सकेंगे, अंर्तपीड़ा हमारी!
क्या कोई भीष्म पिघलेगा, सुन चित्कार हमारी!
क्या कोई कटार उठेगी, काटने विषबेल हमारी!

क्या दुशासन, दुर्योधन का, शीश लहूलुहान होगा!
कपटी, अहंकारियों का, हृदय निराभिमान होगा!!
नारीत्व की रक्षा का, क्या सहज समाधान होगा!
क्या धरा पर फिर कोई, कृष्ण अवतार होगा!

कृष्ण ने हर नारी को, शक्ति सम्पन्न बनाया है।
ममतामयी करुणा को, जीने का मार्ग सुझाया है।

नारी है जगतजननी, आदि शक्ति अपराजिता।
शिव संगिनी ब्रह्मरूपा, नारायणी जगपालिका।
विद्यारूप सिद्धिदात्री, अखिल विश्व विधायिका।
लोक रंजिनी मोह नाशिनी, दुष्ट दलन संहारिका।

नारी तेरे रूप अनेक, तू अष्टभुजी सिंहवाहिनी।
थाम ले तलवार कर में, तू महिष विदारिणी।
जागृत कर आत्मचेतना, तू त्रिशूलधारिणी
पहचान ले अब स्वयं को, तू कलुषहारिणी।

नही पीड़िता नही शोषिता, नारी शक्तिस्वरूपा।
नही अबला नही आश्रिता, नारी शौर्य पुंज रूपा।

दुशासन के विरुद्ध, नारी को कृष्ण बनना होगा।
अन्याय के समक्ष, उसे प्रचण्ड रूप धरना होगा।
उखाड़ भुजा दुशासन की, सीना क्षार करना होगा।
दुर्योधन की अश्लील जंघा, पर प्रहार करना होगा।

खनकती चूड़ियों में, रणभेरी हुंकार भरना होगा।
आततायियों के विरुद्ध, स्वयं कर्तार बनना होगा।
संचरित कर संपूर्ण ऊर्जा, स्वयं समर्थ बनना होगा।
कृष्णप्रेम से आप्लावित हो, शंखनाद करना होगा।

देकर उपदेश गीता का, दिया हौसला लड़ने का।
अन्याय के समक्ष झुकना, नहीं उद्देश्य जीने का।

भीम का आक्रोश एवं युद्ध की घोषणा

असह्य हो रही पीड़ा, विभ्रांत हो रहा मन।
यह कैसी द्यूत क्रीड़ा, विषाक्त हो रहा तन।

चित्कार कर चिंघाड़ उठी, ह्रदय से कराह उठी।
भीषण प्रतिज्ञा दहाड़ उठी, मर्मभेदी फुफकार उठी।
फूटी पीड़ा की चिंगारी, अन्तर्मन सिसकार उठी।
भीमसेन की गदा आज, युद्ध को ललकार उठी।

चीर दुशासन का सीना, केश द्रौपदी के धोऊँगा।
फाड़ दुर्योधन की जंघा, क्लेश कपट के रौंदूँगा।
शत्रुओं की भुजा उखाड़, धरा लहू से सींचूँगा।
ले शपथ उठ खड़ा भीम, रक्त स्नान कर लौटूँगा।

सज्ज हो चल पड़े वीर, दिशायें हुंकार उठी।
कुरुक्षेत्र की भूमि में, लहू की आज पुकार उठी।

कुरुक्षेत्र में अर्जुन का संशय

ढोल नगाड़े मृदंग, युद्ध को ललकार उठे।
बज उठी रणभेरी, पराक्रमी फुफकार उठे।

अलंकृत शूरवीरों से, सुसज्जित कुरुक्षेत्र हुआ।
गुंजार उठा व्योम मंडल, अनहद शंखनाद हुआ।
आतुर सभी वीर, अदम्य साहस से भरे हुए।
झनझना रहीं तलवारें, तीर कमान चढ़े हुए।
लालायित हो रहे नेत्र, करने शत्रुपक्ष दर्शन।
ले चलें मध्य केशव, करुं क्षेत्र सिंहावलोकन।

देख पार्थ की उत्कण्ठा, सारथि ने रथ हांक दिया।
दोनों सेनाओं के मध्य, कपिध्वज ला खड़ा किया।

देख विपक्षी वीरों को, अर्जुन हृदय करुणार्द्र हुआ।
स्वजनों के वध का भय, मन व्यथित विषाक्त हुआ।
हैं कौरव मेरे संबंधी, उनका कैसे संहार करूं?
कुरुकुल की वधुओं का, क्षीण मैं श्रृंगार करूं?
बहे लहू स्वजनों का, कैसे धर्म व्यवहार करूं?
है अधर्म पाप कर्म यह, कैसे अंगीकार करूं?

निज परिजनों का वध कर, कैसे राज्य आहार करूं!
कुलवध से कुल धर्म नाश, कैसे यह अपराध करुं!
धर्म नाश से विवेकहीन नर, करे दुराचरण।
दुराचरण से कैसे रक्षित, स्त्री शील क्षरण।
वर्णसंकर संतानों से, पितरों का उद्धार नही।
धर्म घातक संतति से, मानव का उत्थान नही।

अधर्म से नष्ट शील आचरण, क्षीण कुल धर्म विधान।
होंगी कुल घातक वर्ण संकर, दूषित स्त्रियों की संतान।
अवांछित अशिष्ट संतानों को, कैसे मैं स्वीकार करुं?
नृशंस मानव बलि देकर, कैसे शासन व्यवहार करुं?
यह कैसा युद्ध केशव, मुझसे अनर्थ अपराध होगा!
आहत कर निज बंधुओं को, जीवन अभिशाप होगा!

शिथिल हो रही देह, विकल व्यथित हुआ खिन्न।
कैसे लड़ूं युद्ध केशव, गांडीव मुझसे हुआ भिन्न।
थकित नयन, द्रवित हृदय, पंगु बने अर्जुन।
तजे शस्त्र योद्धाजित, निश्चेष्ट हुए तरुण।
रण सम्मुख अनायास, यह कैसा व्यवधान।
तुम हो योद्धा वीर, बोले मधुसूदन भगवान।

★ ★ ★

कृष्ण का अर्जुन को उद्‌बोधन

हे सखे, मन से दुर्बल होकर, कैसे लड़ पाओगे।
क्षोभ मोह के क्रंदन में, कैसे जीवन जी पाओगे।
रण से मुख मोड़, क्या वीर योद्धा कहलाओगे।
धुसरित मान प्रतिष्ठा, कैसे जीवित रह पाओगे।
किया जिन्होंने छल सदा, वे क्या प्रियजन होंगे।
करने को वध जो उद्‌यत हैं, क्या वे बंधुजन होंगे।

अधर्मियों की मृत्यु का, शोक तुझे है सता रहा।
क्या जीवन का मोह तुझे, युद्ध से है डिगा रहा।

मोह नही मुझे केशव, अपराध बोध है सता रहा।
राज्य संपदा हेतु युद्ध, निकृष्ट कर्म है जता रहा।
युद्ध की विभीषिका प्रचंड, भीषण नरसंहार होगा।
अपनों की बलि देकर, किसपर गर्व साकार होगा!
शवों की शैय्या पर, क्या समारोह मना पाऊंगा!
लहूलुहान हाथों से, विजय ध्वज फहरा पाऊंगा!

देख सखा क्लान्त हृदय, केशव मुख मंद मुस्कान।
हुआ मोहग्रस्त धनंजय, करना होगा रोग निदान।

क्यों रुग्ण हुए सखे, अज्ञानी बन बोल रहे।
रणक्षेत्र में खड़े होकर, रण से मुख मोड़ रहे।
रणक्षेत्र से पलायन, वीर योद्धा का धर्म नही।
धर्म सम्मुख संबंधों का, होता कोई अर्थ नही।
इंद्रिय सुख दुख धनंजय, क्षण भंगुर नाशवान।
स्वीकारें सुख दुख सहज, यही सृष्टि विधान।

असत् की सत्ता क्षरणशील, फिर क्यों उसका लोभ!
शरीर होता मरणशील, फिर करे क्यों उसका क्षोभ!
ज्ञानीजन करें नही, कभी असत् का संग।
रहते सदा सहाय ईश्वर, सत्य निष्ठ संग।
हर्ष विषाद मनस वृत्ति, रहे नही स्थायी।
निजधर्म पालन से, मिले आनंद स्थायी।

पंचतत्व संगठन से, निर्मित नश्वर देह।
नश्वर काया से, करे क्यों इतना नेह।
जन्म मरण शरीर का, चलता क्रम सतत।
मोहग्रस्त जीव, विस्मृत कर जाता विगत।
अन्याय संहारण, परंतप, होता पाप नही।
सत्य रक्षण हेतु वध, कोई अपराध नही।

सत्यनिष्ठ विवेक से, चुनें पथ परमार्थ।
अन्याय को प्रश्रय देना, धर्म नही पार्थ।
निज धर्म पालन, सर्वश्रेष्ठ कर्म अर्जुन।
शूरवीर योद्धा का, युद्ध ही धर्म अर्जुन।

है क्षात्र धर्म यही तो, स्वतः देह परित्याग करुं!
युद्ध की विभीषिका प्रचंड, कैसे अंगीकार करुं!

यह कैसी भाषा पार्थ, तुम वीर बोल रहे।
युद्ध के इच्छुक शत्रु, उन्हें बंधु बोल रहे।
नर श्रेष्ठ गाण्डीव धारी, क्यों मन डोल रहा।
युद्ध क्षेत्र से पलायन, मृत्यु का भय बोल रहा।
कर्म है धर्म तुम्हारा, फल की इतनी चिंता क्यों।
हार जीत के संशय में, व्यर्थ विकल होता क्यों।

कर्म करना तेरे अधीन, फल पर अधिकार नही।
जीवन मरण विधि हाथ, तू उसका सूत्रधार नही।

जिनकी गोद खेला बचपन, उनपर कैसे प्रहार करुं!
जिन चरणों में पायी शिक्षा, गुरु पर कैसे वार करुं!

कुरुक्षेत्र है धर्म क्षेत्र, यहां निज-पर का भेद नही।
नहि गुरु नहि पितामह, यहां कोई बंधु-सखा नही।
लड़ने मरने की भूमि यह, यहां प्राणों का मोह नही।
बिना लड़े रणक्षेत्र में, जीवन का कोई मोल नही।
आहूत कर निज प्राण, कुल कीर्ति बढ़ाओ अर्जुन।
पराजित कर शत्रु, राज्य सुख वैभव पाओ अर्जुन।

राज्य सुख वैभव का, नही मुझे कोई लोभ।
सामाजिक अपयश का, नही मुझे कोई क्षोभ।

स्वजनों का वध कर, वीर योद्धा कहलाऊं मैं!
धिक्कार ऐसे जीवन पर, जय गाथा गाऊं मैं!
त्यागूं राज सुख वैभव, करूं सहस्त्र यौवन न्यौछार।
असह्य विधवाओं का क्रंदन, कैसे संभव राज विहार।

आश्रितों के संरक्षण हेतु, होता युद्ध धर्म।
कर्तव्य से पलायन, नही योद्धा का कर्म।
अधर्म संरक्षण से होता, नैतिक मूल्य क्षरण।
अधर्मी सत्ता असमर्थ, करने क्लेश निराकरण।
धर्मशील जीवन से, संवर्द्धित आत्म उत्थान।
धर्मच्युत जीवन से, नर पाये कष्ट व्यवधान।

परिणाम की चिंता में, युद्ध लड़ा जाता नही।
हार जीत के संशय में, जीवन जिया जाता नही।
जीवन मरण विधि हाथ, नही भविष्य का ज्ञान।
वर्तमान तेरे हाथ धनंजय, कर कर्तव्य प्रधान।

मृत्यु का भय नही मुझे, गुरु पर कैसे वार करूं?
पूजनीय हैं जो उन पर, कैसे घातक प्रहार करूँ?

लाक्षागृह की अग्नि का, क्या शेष संताप नही।
न्याय धर्म संरक्षण हेतु, क्या कोई प्रयास नही।
क्या विस्मृत कर पाओगे, पांचाली के खुले केश।
क्या अशेष कर पाओगे, माता के असह्य क्लेश।

कर्म कमान तेरे अधीन, फल पर तेरा अधिकार नही।
मिले फल नियति विधान, उसका कोई प्रतिकार नही।

रणक्षेत्र से पलायन, नही राज्योचित धर्म।
अन्याय सम्मुख नत, नही वीरोचित कर्म।

विक्षुब्ध हो रहा मन, बढ़ रहा अंधकार।
निष्क्रिय हो रही बुद्धि, डूब रहा मंझधार!
दिखायें मार्ग केशव, हो जन कल्याण।
कैसे कौन कर्म करुं, हो मेरा परित्राण।

सर्वप्रथम तू स्वयं को पहचान अर्जुन।
तू नही मात्र शरीर, ये सत्य जान अर्जुन।
कुंतीपुत्र, द्रोणशिष्य, भीष्मपौत्र है मात्र नाम।
व्यवहार हेतु, सांसारिक जीवन में आते काम।
संसार से अलग नामों का, नही कोई अर्थ अर्जुन।
आत्मा का इन नामों से, नही कोई संबंध अर्जुन।

देह के भीतर आत्मा, अजर, अमर, निरंतर।
कालातीत, गुणातीत, अनित्य, अनश्वर।
आत्मा परम का अंश, परम ही अधिकारी।
पाये जीवन देह, करने कर्म अविकारी।
आत्मा अवध्य, मर नही सकता।
देह नश्वर, रक्षित हो नही सकता।

किसके मरने का, तू कर रहा संताप।
अज्ञानियों की तरह, कर रहा विलाप।
किये कर्म अनुसार, पाये देह जीवात्मा।
नियत समयावधि पर, तजे देह आत्मा।
परम को पाना ही, होता जीवन ध्येय।
धर्मनिष्ठ परमार्थी, पाता अपना ध्येय।

अनस्तित्व देह की पार्थ, तुम्हें इतनी चिंता क्यों?
शरीर से इतर आत्मा की, करे अवहेलना क्यों?

तुच्छ संपदा हेतु, परिजनों का संहार।
यह कैसा धर्म केशव, मन संशय अपार।
नही क्लीव कायर, न धर्म च्युत हुआ मैं।
प्रतिशोध नही धर्म, शांति पथ चाहूं मैं।

देख पार्थ की दुविधा, मुसकाये भगवान।
बोले, मित्र वीर, है काल बड़ा बलवान।
युद्ध के परिणाम का, नही किसी को ज्ञान।
करो नही प्रहार, फिर भी शत्रु लेगा प्राण।

आत्मरक्षा हेतु वध, होता धर्म पार्थ।
आत्महत्या करना, होता अधर्म पार्थ।
बिना संघर्ष समर्पण, नही वीरों का कर्म।
परिणाम से पलायन, नही वीरोचित धर्म।
शांतिकांक्षा है तुम्हें तो, करो अधर्म शमन।

अन्याय अत्याचार का, करो अर्जुन दमन।

अधर्म के शासन में, कैसे शांति स्थापित होगी?
अन्यायी शासन में, क्या न्यायोचित रीत होगी?

सज्जित होगी नित नवीन, षड्यंत्रों की द्यूतशाला!
श्रवणित होगी चित्कार, वस्त्राहरण की रंगशाला!
नारी अपमान प्रतिशोध, है माता का संदेश।
छल से छीना राज्य, लौटायें पुत्र विशेष।
न्यायोचित प्रजापालन से, है राजधर्म का मान।
धर्मशील शासन आचरण, है क्षात्र धर्म प्रधान।

विमुख निज धर्म से, कैसे धर्म शील रह पाओगे!
मोहग्रस्त होकर, आत्म प्रवंचना से बच पाओगे!
धर्म से श्रेष्ठ नही, कोई सत्कर्म अर्जुन।
निज धर्म का पालन, श्रेष्ठ कर्म अर्जुन।

राज्य आहरण हेतु वध, कैसे श्रेष्ठ कर्म केशव?
निजकर निजकुल नाश, कैसे सत्कर्म केशव?

राज्य लालसा मात्र, नही युद्ध आधार।
न्याय, धर्म रक्षण हेतु, होता युद्ध उपचार।
नाशवान शरीर से तुझे, इतना क्यों लगाव।
शरीर से इतर आत्मा से, यह कैसा अलगाव।

जैसे गुजरे जीवन, बचपन यौवन वृद्ध वितान।
बदले आत्मा शरीर, धारण नवल देह परिधान।

होता शरीर का अंत, आत्मा का अवसान नही।
शरीर के मृत होने से, बदले कोई विधान नही।
जन्म से मृत्यु पर्यंत, करे जीव देह धारण।
पूर्ण हो देह आयु, बदले जीव देह आवरण।
लेता जन्म शरीर, निश्चित उसका मरना।
नश्वर के नाश का, फिर क्यों शोक करना।

नश्वर शरीर के विनाश का, क्यों मैं सूत्रधार बनूं!
परिजन वध पापकर्म का, व्यर्थ ही भागीदार बनूं!
पापकर्म की ग्लानि में, कैसे जीवन जी पाऊँगा!
इससे बेहतर केशव, परिजनों के हाथों मर जाऊँगा!

मिले मानव देह, करने जीव कल्याण।
है ईश्वर अनुग्रह, करें इसका सम्मान।
सृजनकर्ता नही तू, संहारण तेरा अधिकार नही।
जन्म मरण ईश्वरीय सत्ता, तू उसका सूत्रधार नही।
मिला शरीर माध्यम, करने कर्म उपकार।
स्वयं समर्थ होने का, तू कर न अहंकार।

युगों से चल रहा, जीवन मरण चक्र अर्जुन।
शरीर के मरने से, मिटे नही अस्तित्व अर्जुन।
कर्तव्य पथ के व्यवधानों, पर प्रहार पाप नही।

धर्म मार्ग पर मृत्यु से, करे कोई संताप नही।
मानव तन की श्रेष्ठता, कर्म से ही है अर्जुन।
कर्म से पलायन, नहीं मानव धर्म अर्जुन।

भटके युगों युगांतर जीव, विभिन्न योनि देह।
किये कर्म के अनुरूप ही, पाता जीव देह।
प्राणी मात्र में सर्वश्रेष्ठ, दुर्लभ मानव देह।
धर्म अर्थ काम मोक्ष, करे सब संभव देह।
मानव देह आधार, मुक्ति मार्ग कामना।
मानव देह समर्थ, करने ईश्वर आराधना।

रचे ईश्वर संसार, करने क्रीड़ा मधुर।
प्राणी विविध प्रकार, जीव जंतु प्रचुर।
ईश्वर है सृजन कर्ता, संहारक भी वही।
ईश्वर की इच्छा बिना, पत्ता भी डोले नही।
ईश्वर है सर्वव्यापक, सर्वशक्तिमान।
स्वयं कर्ता होने का, कर न तू अभिमान।

जीवित देह आयु संग, रहे संबंध धारित।
निवर्तमान देह से, मिटे संबंध सांसारिक।
तजे आत्मा शरीर, छूट जाते देह संबंध।
लेता जन्म जीव, नया शरीर नये अनुबंध।
अतीत में प्रवेश असंभव, नही भविष्य का ज्ञान।
वर्तमान तेरे अधीन अर्जुन, कर कर्तव्य प्रधान।

शरीर है क्षणभंगुर तब, क्यों न इसका त्याग करूं!
जीवन मरण के चक्रव्यूह में, व्यर्थ क्यों विहार करूं!

आत्मघात शूरवीरों का, शौर्य नही अर्जुन।
शरीरांत समस्या का, समाधान नही अर्जुन।
कर्मफल भोग हेतु, पाता देह उपकरण।
आसक्त जीव फिरे, फल चक्र परिभ्रमण।
देहजनित अभिमान वश, विस्मृत हो जाता परम।
ऐन्द्रिय ऐश्वर्य कामवश, करे विभिन्न देह रमण।

शरीर के त्याग से, होती नही मुक्ति।
शरीर माध्यम मात्र, पाने मार्ग मुक्ति।
देह द्वारा किये कर्म से, मिलती नही मुक्ति।
संग्रहित फल भोग हेतु, पुनर्जन्म ही युक्ति।

संग्रहित फल भोग, क्या अर्थ केशव?
देहांत के बाद, कैसा संग्रहण केशव?

देह से किये कर्म का, होता फल संग्रह।
बिन भोगे कर्मफल, निःशेष नही संग्रह।

अडिग रहे धर्मनिष्ठ, करे सत्कर्म।
सत्कर्म से संचित, होते पुण्य धर्म।
गुणीजन रहे सदा सत्य संग।
सत्यनिष्ठ रहे सदा धर्म अंग।

अवगुणी करे असत्य का संग।
असत्य होता अधर्म का अंग।
भ्रमित बुद्धि करे अनिष्ट कर्म।
अनिष्ट कर्म से संचित पापकर्म।

बीते शरीर आयु, शेष रहे कर्मफल।
लेता पुनर्जन्म, भोगने हेतु कर्मफल।
कर्मफल भोग से, वंचित नही जीव।
कर्म के फलानुसार, लेता जन्म जीव।
देहांत से होता नही, कर्मफल का अंत।
भोगे बिना कर्मफल, नही जीव का अंत।
शरीर हो जाता मृत, आत्मा का नही अंत।
आत्मा परम का अंश, परम का नही अंत।

आत्मा है अमर, चिन्मय-अंश, चिरस्थायी।
नाशवान शरीर संग संबंध, रहे नही स्थायी।
आत्मा है सदा मुक्त, व्यापे नही बंधन।
आत्मा संग रिश्तों का, नही कोई क्रंदन।
आत्मा अक्षुण्ण शाश्वत, रहे स्थायी।
शरीर नाशवान क्षणभंगुर, अस्थायी।

जीर्ण शीर्ण देह का, करे आत्मा त्याग।
सुंदर स्वस्थ शरीर में, करे सदा निवास।
देह से अलग आत्मा, कैसे जीवित केशव?
देह से भिन्न आत्मा, कैसे निर्वहन केशव?

आत्मा है अमर, संभव नही उसका संहार।
देह नाशवान, मृत्यु उसका अंतिम संस्कार।
आत्मा अप्रमेय अनश्वर, रहे चिन्मय चिरायु।
पंचमहाभूत निर्मित देह, पाये निश्चित आयु।
आत्मा अजन्मा अकाट्य अच्छेद्य अविनाशी।
नित्य स्थिर अचल अदाह्य अशोष्य सर्वव्यापी।
आत्मा अमर अनश्वर अविकारी।
रहे परमोन्मुख ईश्वर अधिकारी।

शरीर क्रमशः मरणशील, होती गति क्षीण।
प्राकृत तत्वों से निर्मित, अंत प्रकृति लीन।
देह जीवन क्षण-भंगुर, है मिट्टी की भीत।
करें ध्यान चैतन्य का, पायें परम संग प्रीत।
नश्वर शरीर के संबंध, रचें मोह विषपायी।
करें साक्ष्य आत्मा का, बनें धर्म अनुयायी।

आत्मा के उत्थान का, जो करे नही प्रयास।
इंद्रिय सुख रमण से, वो पाये नही अवकाश।
मानव जीवन का उद्देश्य, है ईश्वर समागमन।
नश्वर से विरक्त हो, तब पाये पथ परमागमन।
परम से संयुज होकर ही, होता जीव शांत।
अन्यथा करे भ्रमण, विभिन्न योनि युगान्त।

शरीर सबके भिन्न, किन्तु आत्मा एक समान।
आत्मा की प्रकृति सदैव, परमालय अभियान।

परम की प्राप्ति हेतु, बतायें प्रभु निदान?
कौन कर्म उपयुक्त, हों प्रसन्न भगवान?

परमालीन होने के, होते कई विधान।
परम की प्राप्ति में, तन श्रेष्ठ उपादान।
परमात्मा से मिलन का, मार्ग नही आसान।
करते युगों तक तपस्या, सुधीजन सुजान।

मुनि करें चिंतन मनन, ज्ञान योग साधना।
दमित कर इंद्रिय सुख, करें तप उपासना।
शास्त्र वेद उपनिषद का, करें नित अध्ययन।
करें निरंतर विविध उपाय, पाने ईश्वर दर्शन।
अनश्वर को पाने हेतु, करे जीव उपासना।
इंद्रिय नियंत्रण कर, कठिन तप आराधना।
बुद्धि से नियंत्रित मन, करे इंद्रिय परिशोधन।
इंद्रिय शोधन से संभव, परम आत्म संयोजन।
ज्ञान मार्ग की राह, है बहुत कठिन।
चलना है दुष्कर, मानव मन मलिन।

संसारी जन करें, जन कल्याण कार्य।
अपनायें धर्म विधान, पाने मोक्ष मार्ग।
यज्ञ हवन कर्म से, होती प्राप्त सिद्धियां।
प्रसन्न हो देव, देते सांसरिक लब्धियाँ।
पाकर सुंदर शरीर, बढ़े मोह आसक्ति।
उलझे माया संसार, होती नही विरक्ति।

इंद्रिय सुख की तृष्णा, होती नही तृप्त।
विस्मृत जीवन ध्येय, देह वासना सिक्त।
पाने ऐश्वर्य वैभव संपदा, करे नर धर्म विधान।
लेता जन्म अनेक बार, कर्म फल भोग निदान।

किये कर्म फल हेतु, लेता जन्म जीव।
कर्मफल भोगे बिना, मुक्त नही जीव।
पुन्य कर्म से पाता, जीवन सुखदायी।
निंदित कर्म से, जीवन कष्टप्रदायी।

आत्मा उत्थान का, जो करे नही प्रयास।
शरीर चिंतन में लिप्त, पाये सदा संत्रास।
कर्मफल भोग हेतु, करे जीव भव भ्रमण।
कर्म फलानुसार, करे विभिन्न देह रमण।

नश्वर दैहिक रिश्तों का, नहि कोई आधार।
विनष्ट काया संग, नही संबंधों का अंबार।
लोभ मोह स्वार्थ वश, होते संबंध निर्धारण।
तजे आत्मा रुग्ण, नव परिधान करे धारण।
युगों से चल रहा, जन्म मरण क्रम सतत।
विस्मृत कर जाता जीव, किये कर्म विगत।

मरणशील काया संग, रहे आत्मा अनश्वर।
आत्मा शाश्वत सत्य, अखण्ड अंश ईश्वर।
शाश्वत आत्मा संग, नही देह संबंध अर्जुन।

धर्म संरक्षण हेतु वध, नही पाप कर्म अर्जुन।
तू स्वयं को मात्र शरीर, मत मान अर्जुन।
तू ईश्वर अंश आत्मा, ये सत्य जान अर्जुन।

शरीर के मरने से, आत्मा का नही नुक़सान।
शरीर है माध्यम, करने सार्थक कर्म महान।

मिलना बिछुड़ना शरीर का, है सांसारिक रोग।
मिलन परम से आत्मा का, है अलौकिक योग।

सांसरिक जीवन से केशव, हो रहा दुराव।
वीतरागी हो रहा मन, मिटे नही भटकाव।
इस दुर्लभ तन से, करूं परम का ध्यान।
क्यों करूँ समय नष्ट, लेने युद्ध रुझान।

वैराग्य सहज नही अर्जुन, अंतर्मन की भावना।
विषयों से वंचित जीवन, दुर्गम पथ उपासना।
लोभ मोह क्षोभ रहित, करें कर्म पुरुषार्थ।
होते प्रसन्न ईश्वर, जब करें कर्म परमार्थ।
धरे वैरागी परिवेश, मन भीतर अनेक चाह।
ऐसे लोलुप कामी की, दुष्कर जीवन राह।

वैराग्य धारण कर जो, नही कामना मुक्त।
तजे बाह्य संसार, मन विषय वासना युक्त।
ऐसे वैरागी का जीवन, होता नही उपयुक्त।

होता जीवन कंटकाकीर्ण, द्वेष दम्भ युक्त।
संसारी होकर, जो रहे कामना मुक्त।
देह करे कर्म, पर आत्मा वासना मुक्त।

सांसारिक जीवन, कामना रहित कैसे केशव?
शरीर करे कर्म, आत्मा वासना मुक्त कैसे केशव?
भ्रमित हो रही बुद्धि, दया करें निधान!
मिटायें संशय केशव, हो मेरा परित्राण!

कर्म की उपेक्षा कर, अनुचित ईश्वर साधना।
धर्म से पलायन कर, संभव नही मोक्ष कामना।
दुर्लभ मानव देह, दिये ईश्वर उपहार।
हो जीवन सार्थक, करें कर्म उपकार।
सहज सरल चित्त से, करे परम का ध्यान।
सम विषम स्थिति, स्वीकारे समरूप विधान।

स्व पर का तजें भेद, करें कर्म परमार्थ।
ईश्वर समर्पित कर्म से, पाते मुक्ति पार्थ।
परहित कर्म करने से, घटता स्वार्थ भाव।
स्व सुख की लिप्सा से, मिट जाता लगाव।
धर्मानुकूल करें कर्म, रखें नही मन संशय।
धर्मानुकूल आचरण से, होता मन निर्भय।

निर्भय व्यक्ति के मन, मिट जाते सब दोष।
रहे नही लोभ मोह क्षोभ, दम्भ क्रोध रोष।

निर्मल होती बुद्धि, जागृत आत्म विश्वास।
जागरुक आत्मा में रहे, ईश्वर का निवास।

इंद्रिय सुख का, जो करे नही लोभ।
कष्ट क्लेश में भी, करे नही क्षोभ।
होके स्थित प्रज्ञ, करें निष्पक्ष कर्म।
धैर्य संयम विवेक से, करें निष्ठ कर्म।
सुख दुख हर्ष विषाद में, रहे सदा समभाव।
ऐसे कर्मयोगी को, कभी होता नही अभाव।

अकर्ता भाव से, जो करे कर्म निष्काम।
ऐसे संसारी, सहज पा जाते मुक्ति धाम।

समाधिस्थ हो करुं, ज्ञान, ध्यान, उपासना।
त्यागूं ऐन्द्रिय जन्य कर्म, विषय भोग वासना।
करूं धर्मानुकूल आचरण, सन्यासी बन भ्रमण।
यही जीवन की सार्थकता, व्यर्थ ही है युद्ध रमण।

कर्म की उपेक्षा कर, असंभव धर्मशील आचरण।
कर्म से पलायन कर, अनुचित संन्यास धारण।
नश्वर पर प्रहार से, परंतप कोई पाप नही।
असत्य क्षरण का, धर्मज्ञ करें संताप नही।
निजधर्म पालन, सर्वश्रेष्ठ कर्म अर्जुन।
शूरवीर योद्धा का, युद्ध ही धर्म अर्जुन।

निर्धारित प्रारब्ध कपाल, बदले नही पार्थ।
प्रारब्ध ईश्वर प्रसाद, सहज स्वीकारें पार्थ।

कर्म जीवन का आधार, फल पर अधिकार नही।
मिलता फल यथासमय, जिसका प्रतिकार नही।
कर्म फल बंधन से पार्थ, होती नही निवृत्ति।
फलाकांक्षा रहित कर्म, दिखाये मार्ग मुक्ति।

फल की इच्छा ही, कर्म का आधार केशव!
फलाकांक्षा रहित कर्म, कैसे संभव केशव!

मन रहे फलाकांक्षा तो, क्या वैराग्य संभव होगा?
लोभ मोह के चक्रव्यूह में, कैसे मोक्ष दर्शन होगा?
अधूरी हो लालसा, तो मुक्ति नही सुजान।
करने पूर्ण कामना हेतु, पुनर्जन्म विधान।
कर्मफल भोगे बिना, मिलती नही मुक्ति।
कामना बने बंधन, जन्म मरण पुनरोक्ति।

जो करे नही कर्म, क्या कर्मफल बंधन मुक्त होगा?
गरीब, अकिंचन, वैभवहीन, क्या विषयरहित होगा?
विवशतावश विलासहीन, क्या मोक्ष का पात्र होगा?
आलस्यवश अकर्मण्य नर, क्या भवसागर पार होगा?

बिना कर्म किये, जीवन नही पार्थ।
कर्म रहित जीवन, संभव नही पार्थ।

रहे देह निष्क्रिय, पर मन करे कर्म सतत।
मन से किये कर्म का, मिले फल यथावत।
कर्मफल बंधन से, कोई मुक्त नही पार्थ।
कामना रहित कर्म से, मिले मुक्ति पार्थ।

कर्म फल बंधन से, कोई जीव मुक्त नही।
कर्मफल भोगे बिना, मिलता मोक्ष नही।
मन विषय व्यसनी, करे काम चिंतन।
विचरे भावना भंवर, करे मोह सृजन।
तन से वंचित रहकर भी, मन करे भोग।
मन से भोगे भोग, बन जाते जीवन रोग।

पाता जीवन, करने कर्मफल भोग निवारण।
कर्म फलानुसार होता, पुनर्जन्म निर्धारण।
लेकर पुनर्जन्म, पुन: विषय प्रवृत्त।
सांसारिक भोगों से, मन नही तृप्त।
रहे कामना अपूर्ण, होता मन क्षुभित।
क्षोभ से उत्पन्न क्रोध, करे बुद्धि भ्रमित।

भ्रमित बुद्धि से, करे अधर्म अनिष्ट।
मुक्ति का मार्ग, हो जाता क्लिष्ट।
करे यदि सत्कर्म तो, पाये योनि विशिष्ट।
सत्कर्म से संचित पुण्य, होता धर्म उत्कृष्ट।

सत्कर्म से क्या मोक्ष संभव केशव?
कर्मफल बंधन से मिले मुक्ति केशव?

सत्कर्म से मिले, समृद्ध जीवन अर्जुन।
पाकर ऐश्वर्य वैभव, भोगे आनंद अर्जुन।
पूर्ण हो कामना एक, जगे दूजे का लोभ।
नर मन कामना अनेक, बढ़े मोह, क्षोभ।
लोभ मोह लिप्त जीव, रहे बुद्धि भ्रमित।
भ्रमित बुद्धि से होते, कर्म विवेक रहित।

इंद्रिय जनित लालसा, करे सतत रमण।
करने पूर्ण लालसा, करे जीव भव भ्रमण।
पाकर नवजीवन, पुनर्जागृत मोह कामना।
विस्मृत जीवन ध्येय, लिप्त विषय वासना।
लोभ मोह क्षोभ से, पाये नही त्राण।
मोह से ग्रस्त मन, रहे भ्रम अज्ञान।

राग द्वेष में लिप्त नर, जीवन पशु समान।
भोगे विभिन्न योनियां, संभव नही निदान।
लेते आश्रय ज्ञानी जन, करें तप यज्ञ विधान।
अर्जित विभिन्न सिद्धियां, जागे मन अभिमान।
अभिमान समक्ष सात्विकता, हो जाती लुप्त।
हो जाता ज्ञान शून्य, अविवेकी अवगुण युक्त।

अज्ञान वश उलझे संसार, विस्मृत देव उपासना।
करता भव भ्रमण युगों तक, नही मुक्त वासना।
रजोगुण युक्त मनुष्य, करते जन हित काज।
संचित होते पुण्य कर्म, मिट जाता अवसाद।
पाते यश कीर्ति वैभव, होता जग में मान।
करें सतकर्म युगों तक, लेते जन्म महान।

सक्षम होकर जो अन्याय का, करे नही प्रतिकार।
निज स्वार्थ वश बिना संघर्ष, स्वीकारे अपनी हार।
ऐसे कापुरुष का कैसे हो उद्धार।
मृत्योपरांत कैसे पाये मोक्षद्वार।
निज धर्मपालन से, रहता मन शांत।
होता जीवन सहज, नही दुविधा संभ्रांत।

धर्म रक्षण हेतु पार्थ, स्वीकारें शासन भार।
न्यायिक प्रजापालन ही, राजधर्म आधार।
फलकांक्षा रहित कर्म, करे मुक्त बंधन।
आसक्ति रहित कर्म, करे भव भय भंजन।

फल कांक्षा रहित कर्म, कैसे संभव केशव?
आसक्ति रहित जीवन, कैसे संभव केशव?
कौन कर्म करुं केशव, दें निर्देश संज्ञान।
फल बंधन मुक्ति हेतु, कौन कर्म विज्ञान।
भ्रमित हो रही बुद्धि, हुआ शून्य ज्ञान।
मतिहीन विमूढ़ मन, दें मुझे गुरु ज्ञान।

स्थिर बुद्धि उपासना, करें योगी निष्काम।
इन्द्रिय जनित विषय मुक्त, पायें परम धाम।
समत्व रूप स्थित प्रज्ञ हो, जो करता कर्म।
फल बंधन मुक्त कर्म, पा जाता मोक्ष मर्म।
सुनो सखे गुडाकेश, निष्काम कर्म, हरे भव बंधन।
फलकांक्षा रहित, स्थित प्रज्ञ नर, मुक्त फल बंधन।

अहंकार रहित, ईश अर्पित, सत्कर्म उपयुक्त।
निरासक्त निर्लिप्त मन, फल कामना विमुक्त।
ईश समर्पित कर्म, करे क्लेश भंजन।
समभाव योग से, छूटे भव भय बंधन।
देह कर्म से अर्जित फल, बने जीवन आधार।
सांसारिक फलानुसार, पाये जगत व्यवहार।

आत्मा का संबंध नही, भौतिक संपदा संग।
मृत्यु परांत छूटे ऐश्वर्य, चले आत्मा निषंग।
लौकिक कर्म रहे, लौकिक जगत संग।
अलौकिक कर्म रहे, सदा आत्मा संग।
आत्मा पोषण हेतु, करे आध्यात्म कर्म।
देहांत के बाद भी, रहे आत्मा संग मर्म।
आध्यात्म मार्ग में, मृत्यु नही व्यवधान।
लेकर पुनर्जन्म, करे अग्रयात्रा उत्थान।

आत्मा पुष्टि हेतु, कौन व्यवहार उपयुक्त केशव?
बलवती आत्मा हेतु, क्या निर्धारित आहार केशव?

शरीर के पोषण हेतु, लेता जीव आहार।
आहार के अनुरूप ही, उपजे मन विचार।
ऋषियों के आहार में, सात्विक गुण आधार।
तदनुरूप विकसे मन, सात्विक वृत्ति विचार।
क्षत्रिय हेतु उपयुक्त, रजोगुण युक्त आहार।
तदनुसार संभाले, शासन व्यवस्था व्यवहार।

तमोगुण युक्त आहार, बढ़े तामसिक वृत्ति विचार।
आलस्य, प्रमाद, क्रोध, लोभ, अवगुण युक्त विकार।

शरीर के पोषण हेतु, भोजन तीन प्रकार।
भोजन के अनुरूप ही, उपजे मन विचार।

सात्विक भोजन से, उत्पन्न विमल भाव।
करे नर सद्व्यवहार, उपजे नही दुर्भाव।
ऋषि मुनि साधुजन, करें इन्द्रिय निग्रह।
अपनायें ज्ञान मार्ग, नही विकल्प विग्रह।

राजसी भोजन होता, रजोगुण प्रधान।
राजधर्म पालन हेतु, बनाये दंड विधान।
स्वधर्म निहित कर्म, करे जन कल्याण।
न्यायोचित कर्म में, नही धर्म व्यवधान।

तामसिक भोजन, बढ़ाये तमस विकार।
क्रोध, लोभ, मोह, क्षोभ कलुष विचार।

मलीन होती बुद्धि, बढ़ता दम्भ अभिमान।
क्षीण होता विवेक, कुत्सित ज्ञान विज्ञान।

निज प्रकृति अनुरूप कर्म, होता धर्म विधान।
आसक्ति रहित कर्म से, पाते मोक्ष निदान।
तजकर संशय मन, करे ईश समर्पित कर्म।
ईश समर्पित कर्म से, संचित होते पुन्य धर्म।
कर्म के अनुरूप जो, लेते सम्यक् आहार।
शरीर रहता स्वस्थ, आत्मा बने निर्विकार।

नही ग्रसे दोष विकार, होता भव भय भंजन।
सहज भवसागर पार, मुक्त कर्म फल बंधन।
क्षत्रिय वंशज का, प्रजा पालन ही प्रथम धर्म।
शूरवीर कुलीन योद्धा का, युद्ध ही परम धर्म।
संयमित समर्पित मन से, जो निभाये निजधर्म।
एकाग्र चित्त स्थित प्रज्ञ हो, करे सतत सत्कर्म।

कर्ता भावना से जो नर, करे धर्म कर्म।
जागृत होता अहम, विस्मृत जीवन मर्म।
नाशवान शरीर संग, बनते रिश्ते रुग्ण।
जुड़ें जो शाश्वत से, बने संबंध अक्षुण।
फलबंधन बने सेतु, सतत भव भ्रमण।
करे जीव अनेक बार, जन्म मृत्यु वरण।

करे कर्म निष्काम, तज कर स्वहित भावना।
विस्मृत अहम भाव, मुक्त लोभ मोह वासना।
आध्यात्म मार्ग में, मृत्यु का नही व्यवधान।
लेकर पुनर्जन्म, करे पुनः प्रारंभ अभियान।
ईश समर्पित समभाव, करे कर्म कामना मुक्त।
कटे कर्म फल बंधन, निर्भय निःशंक द्वंद्व मुक्त।

आसक्ति रहित कर्म, करे फल बंधन मुक्त।
कर्मयोगी करें परमार्थ, होते परम से युक्त।
आ कर मेरी शरण अर्जुन, कर कर्तव्य प्रधान।
फल कामना विमुक्त कर्म, सर्वश्रेष्ठ धर्म विधान।
पाकर मानव जीवन, करें कर्म पुरुषार्थ।
धन्य हो जाये जीवन, मिटे संशय पार्थ।

सुनो सखे गुडाकेश, अपनाये कर्म विधान।
कटे सभी भवभय बंधन, मन पाये विश्राम।
त्याग कर संशय सभी, करें कर्म निष्काम।
मुझे समर्पित कर्म से, मिल जाये मोक्षधाम।
छोड़ कर समस्त संशय, स्वीकार मेरी शरण।
समर्पित कर संपूर्ण कर्म, करूं भवताप हरण।

मैं आदि, अनादि, अनन्त, अखिलेश्वर,
सर्वज्ञ, सर्वव्याप्त, शाश्वत, जगदीश्वर,
जग रचयिता, नियंता, हंता, अजिरेश्वर,
सृजित नर माध्यम, निज क्रीड़ा लीलेश्वर,

सुन व्यापक रूप वर्णन, नवाये शीश कृष्ण चरण।
जागृत अर्जुन मन लालसा, करूँ विराट रूप दर्शन॥

हे आदि अनादि अखिलेश्वर, करो करुणा जगदीश्वर।
हे जग नियन्ता जगदाधार, तुम्हारी अनुकम्पा अपार।
तुम दीनबंधु दयानिधान, रचे सकल जगत विज्ञान।
तुम व्यापक वृहत् विराट, तुम अखिल जगत सम्राट।
हे केशव ब्रह्मांड नायक, करुं आग्रह विश्व विधायक।
करने विराट स्वरूप दर्शन, लालायित हो रहा भगवन।

कृष्ण का विराट रूप दर्शन

सुन सखा की कामना, मधुसूदन मुस्काये।
तुम परम प्रिय सखा मेरे, दर्शन दूं हर्षाये।
लौकिक दृष्टि असमर्थ, करने अलौकिक वृहद् दर्शन।
करूं प्रदान दिव्य दृष्टि तुम्हें, करो अद्भुत रूप दर्शन।
करने पूर्ण अभिलाष, प्रगटे कृष्ण चिदाकाश।
अनंत, असीम, अपरिमेय, उद्भूत पुंज प्रकाश।

देख कृष्ण का विराट स्वरूप।
हुआ अर्जुन चकित अभिभूत।
समाहित सहस्त्र कोटि ब्रह्मांड।
शिला श्रृंखला भुजदण्ड प्रकांड।

अनवरत नित नूतन सृष्टि सृजन।
विसर्जित अनंत कोटि प्रतिक्षण।
खिले सहस्त्र नेत्र शोणित कमल।
करे भ्रमित कोटि रवि कीर्ण प्रबल।

पदनख द्युतिपुंज गंगधार धवल।
प्रवाहित अनन्य नदियां नवल।
द्रुतवेग झरनों का अनवरत नर्तन।
क्षीरोधि का सतत उच्छृंखल वर्धन।

छू रहा अम्बर, कृष्ण शीश शिखर।
निःशब्द हुआ अर्जुन, सभीत सिहर।
मूर्छित हो रही देह, कांप रहे अधर।
अपरिमेय सृष्टि, नेत्र नही पाते ठहर।

दर्शन कर विराट स्वरूप के, थर थर काँप रहा।
विक्षिप्त हो विस्मय से, अपलक निहार रहा।

हो रहा असमर्थ, करने रूप दर्शन,
भयभीत हृदय, करने लगा रुदन।
हे पद्मनाभ! श्रीनिवास! करूं अर्चन,
तुम सकल, सरूप, निरूप, निरंजन।
हो रहा ब्रह्माण्ड जलमय, तुम व्यापक सर्व भूतमय।
हे केशव! धरें सौम्य रूप, करें करुणा हे जगत भूप।
दग्ध कर रहा विग्रह विद्रूप, समेटें वृहद् विराट स्वरूप।
करूं कामना चतुर्भुज रूप, दर्शन विष्णु नारायण रूप।

सुन सखा की पुकार, समेटे कृष्ण अनन्य विस्तार।
किया धारण शान्त स्वरूप, श्रीविष्णु चतुर्भुज रूप।
कर सौम्य स्वरूप दर्शन, हुआ समूल विकार मर्दन।
पावन हृदय मुग्ध मगन, करे स्तुति कमल नयन।

अर्जुन द्वारा कृष्ण स्तुति

हे जगतपिता, जगदाधार, मधुसूदन, गिरधारी।
हे सर्वव्यापक, सर्वेश्वर, सच्चिदानंद, मुरारी॥
हे केशव दयानिधान, आशिष दें भगवान।
करूं अर्चन शतशत वंदन, आया शरण तुम्हारी॥

निःशेष सकल संशय, रहा नही कोई भय।
मिटे सकल क्रंदन, मन निर्मल चंदन॥
हे गोविंद! गुण निधान, तजकर अब अभिमान।
करूं अर्चन शतशत वंदन, आया शरण तुम्हारी॥

हुआ रथारोहण, गांडीव किया धारण।
करने चला धर्मयुद्ध, होकर पावन शुद्ध॥
अधर मंद मुस्कान, मिटे सकल व्यवधान।
करूं अर्चन शतशत वंदन, आया शरण तुम्हारी॥

बढ़ चला योद्धा निर्द्वंद्व, शेष नही कोई फंद।
किया समग्र समर्पण, हुए सभी निराकरण॥
करूँ कर्म वर्तमान, जो रचे ब्रह्म विधान।
करूं अर्चन शत शत वंदन, आया शरण तुम्हारी॥

बरसे करुणा तेरी मुझ पर, भींग रहा अंतर्तम मन।
ज्वार नही अब पीड़ा का, उमड़े उर आनंद सघन॥

भजन

रे मन भज हरिनाम, मिल जायेंगे श्याम।
छूटे लोभ मोह की गठरी,
छटे द्वेष दम्भ की बदरी, अमल मन गुणधाम।
रे मन भज हरिनाम, मिल जायेंगे श्याम।
भक्त प्रह्लाद की विपदा टारी,
गज ग्राह्य की गति संवारी, टेरे मन अविराम।
रे मन भज हरिनाम, मिल जायेंगे श्याम।
जूठे बेर खिलाये सबरी,
साग विदुर घर पाये हरी, जपे मन आठों याम।
रे मन भज हरिनाम, मिल जायेंगे श्याम।
की प्रतीक्षा गौतम नारी,
मीरा के प्रियतम गिरधारी, पाये मन विश्राम।
रे मन भज हरिनाम, मिल जायेंगे श्याम।
मोर मुकुट वंशी कर धारी,
मोहे चित्त प्रीत रस बाढ़ी, "माला" मन अभिराम,
रे मन भज हरिनाम, मिल जायेंगे श्याम।

★ ★ ★

मंथन मंजरी

मिटाया भेद अमीर गरीब का, दिया पावन संदेश।
मित्रता से बढ़कर जीवन में, नही संबंध विशेष॥

सुदामा का संकोच

जपे जिव्हा कृष्ण नाम, आठों पहर आठों याम।
आरंभ यात्रा अविराम, बीते दिन पहर शाम॥
सहे भूख प्यास घाम, चिते मुखछवि अभिराम।
जगे तृषा दरस श्याम, चले सुदामा मित्र धाम॥

चल पड़े अनवरत पाँव, कभी धूप कभी छाँव।
चुभे कंकर तलपांव, मिले नही कहीं ठाँव॥
झुकी कमर उदर आँव, बीते दिन रांव रांव।
झपके आंख जब, काग करे कांव कांव॥

स्मृति कृष्ण चन्द्रमुख, चित्रित से खड़े सम्मुख।
हर्षित हिय देख रूप, छवि बालसखा अनूप॥
मिट रहे सब क्लेश द्वंद्व, बिसरे सब कष्ट कंद।
उड़ रहा मन बन विहंग, चल रहे पग धरे मंद॥

किशोर वय की अनुपम छवि, दे रही आराम।
विस्मृत सुधि देह की, सुदामा पहुँचे तीर्थधाम॥

★ ★ ★

सुदामा का द्वारिकापुरी आगमन

अद्भुत नगर की शोभा, मलीन दशा सकुचायी।
कैसे करें प्रवेश, पोटली बगल लुकायी॥
धूल धूसरित तन वसन, पांव पड़ी बिवाई।
सखा मिलन की चाह, उर उमंग हरशायी॥

द्वारिकापुरी की भव्यता, देख चित्त भरमाय।
सुशीला की स्मृति, ढाँढस रही बंधाय॥
बढ़ चले लकुटिया टेक, पग धरा नही जाय।
रिसते पांव के छाले से, धरा भी रंगती जाय॥

हैं कृष्ण द्वारिकाधीश, रहें महल रनिवास।
अम्बर मेरा परिजन, कुटिया मेरा निवास॥
कैसे सुधि होगी उन्हें, विचारे विप्र उदास।
कैसे सम्मुख जाऊँ मैं, मित्र का हो परिहास॥

भ्रमित मन कर रहा, निरर्थक वाद विवाद।
मित्र मिलन की लालसा, भरे मन आह्लाद॥

★ ★ ★

सुदामा का बिना मिले लौटना

परम प्रिय बालसखा की, प्रीत रही लुभाय।
रोका द्वार पर प्रहरी, ख़बर जनायी जाय॥
हरक्षण बीत रहा जैसे, युग ही बीता जाए।
पहचानेंगे क्या मुझे, संशय मन भरमाय॥

मित्र की प्रीत पुनीत, नैन नीर छलकाये।
देख देह की दुर्बलता, मन रहा सकुचाये॥
अकिंचन खड़ा विप्र द्वार, सूझे नही उपाय।
चक्रधारी कृष्ण संग, कैसे रीत निभाये॥

व्यथित कर रही प्रतीक्षा, पग डगमगाये।
लौट चला पथिक, जीर्ण शीर्ण मुरझाये॥
अशक्त हुई काया, दृग दृष्टि कुम्लहाये।
जपते कृष्ण नाम, कण्ठ रुक्ष हुआ जाये॥

शुष्क अधर नेत्र सजल, चित्त बसे घनश्याम।
वस्त्र जर्जर उर विमल, निरखे छवि अभिराम॥

अंत:पुर में कृष्ण, रुक्मिणी संग विश्राम।
झल रहे सेवक चँवर, मायापति निष्काम॥
आया वाहक निकट, करके शीश प्रणाम।
बोला सविनय सेवक, हे मधुसूदन भगवान!!

द्वार खड़ा एक विप्र, दीन हीन कृषकाये।
नाम आपका रटते हुए, बड़ी दूर से आये॥
लगता बौराया सा, मिलने की हठ लगाये।
कहे अपना नाम सुदामा, कृष्ण मित्र जताये॥

सुनते ही नाम सुदामा, उठ पड़े भगवान।
हर्षित ह्रदय आतुर, रहा नही कुछ भान॥
गिरा पट पीताम्बर, छूटे सब व्यवधान।
बारम्बार पुकार रहे, दौड़ पड़े निधान॥

पहुँचे द्वार पर जब, दिखा नही मित्र।
हुए कृष्ण व्याकुल, दशा हुई विचित्र॥

कृष्ण की मित्र के प्रति दारुण पुकार

हे मेरे बालसखा!! क्यों रूठे तुम जाते हो।
मिले बिना लौट चले, क्यों मुझे सताते हो॥
की बरसों प्रतीक्षा, छोड़ अकेला जाते हो।
इतने निष्ठुर हो तुम, क्यों मुझे तरसाते हो॥
कब से दौड़ रहा मैं, कितना मुझे थकाते हो।
ली नही सुधि कभी, कैसे मित्र जताते हो॥

ढूँढ रहे मित्र को, गली चौक बाज़ार।
नेत्रों से छलक रहे, नेह बिन्दु रसधार॥
मित्रता का अद्भुत रूप, देख रहा संसार।
मित्रता में निहित, सब जग का आधार॥

मित्रों के बीच, होती नही दीवार।
मित्रों के समक्ष, खुल जाते सब द्वार॥
मित्रों के संवाद में, नही कोई रेख।
मित्रों के बीच, होती नही कोई टेक॥

दौड़ रहे कृष्ण, सुदामा नाम पुकार।
अचंभित खड़े सब, देखे कृष्ण गुहार॥

एक मित्र के लिए, छोड़ा जग संसार।
मित्रता के आगे, तुच्छ हुआ परिवार॥

जीवन में दुर्लभ, मिले मित्र वरदान।
सुदामा के पीछे, भाग रहे निधान॥

मित्रों के मध्य, होता नही रसभंग।
मित्रों के बीच, होती नही कोई जंग॥
मित्रों के मध्य, होता नही अनुबंध।
मित्रता से बढ़ कर, नही कोई संबंध॥

मित्रता अपरिमित, नही कोई तोल।
मित्रता बाज़ार में, बिकती नही मोल॥
मित्र से मिलने में, नही कोई संकोच।
मित्रों के मध्य, होता नही उत्कोच॥

हे प्राणप्रिय सखा मेरे, यह कैसा दुराव।
एक मित्र के संग, यह कैसा बर्ताव॥
एक दरिद्र विप्र का, अद्भुत यह प्रभाव।
स्तब्ध हुआ नगर, देख मित्र लगाव॥

हो रहे चकित सब, देख कृष्ण का रूप।
नंगे पाँव भाग रहा, लक्ष्मीपति जगभूप॥

हे!! मेरे मित्र!! क्यों तुम भागे जाते हो!!
क्या दोष है मेरा, क्यों नही बताते हो!!
मेरे निश्छल मन का, क्या मोल लगाते हो!!
मेरे मन की पीड़ा क्यों बढ़ाये जाते हो!!

हो रहा ह्रदय विह्वल, व्यथित हुआ मैं!
छूट रही पतवार धैर्य की, डूब रहा मैं!!
तार तार हुआ अम्बर, निढाल हुआ मैं!
धरा की अकूत संपदा, कंगाल हुआ मैं!!

मोती से छलक रहे, स्वेदबिन्दु कपाल।
टूटकर बिखर रही, उर वैजयंती माल॥
तरल हुई वेदना, काल हुआ कुठार।
ठहर जाओ मित्र, कृष्ण करे पुकार॥

सुन सखा की गुहार, अचल हो गये पाँव।
मुड़कर देखा कृष्ण को, बिसर गये सब दाँव॥

कृष्ण सुदामा मिलन

मुख पर बिखर रहे, कुंतल केश विराम।
शीश नही मोर मुकुट, नही रुक्मणि वाम॥
खड़ा धरा पर चक्रपाणि, होकर बेदाम।
शुष्क हो रहे अधर, पुकार सुदामा नाम॥

देख कृष्ण की दशा, विस्मित रहे निहार।
नेत्रों से छलक उठा, अपूर्व प्रेम उपहार॥
मित्र मिलन की पिपासा, मांगे बाँह पसार।
नवनीत सा उमड़ पड़ा, नेह सिक्त दुलार॥

ठगे से खड़े सुदामा, रहा नही कुछ भान।
गुरुकुल की स्मृतियाँ, देख रहे दिनमान॥
मिट गये सब रोग, शोक, निवृत्त वर्तमान।
मित्रता के शौर्य से, स्तम्भित आसमान॥

इन प्रलंब बाँहों का, रहा नही कुछ काम।
व्यर्थ ये भुजाएँ, जो मित्र को सके न थाम॥

व्याकुल से दोनों मित्र, दौड़ पड़े अकुलाये।
लिपट पड़ी चारों बाँहें, निमिष काल भरमाये॥
मिल रहे आकंठ सखा, रहा नही कोई भेद।
जीव ब्रह्म समरूप, मन में नही कोई खेद॥

निःसृत हो रहे नेत्र, बहे प्रेम अनुराग।
मिल रहे बाल मित्र, विस्मृत देह राग॥
अपलक निहार रहे, कृष्ण मित्र का वेश।
नवाये शीश चरणों में, देखे दीन परिवेश॥

पाँव के छाले से, रिसे रक्त की बूंद।
दयार्द्र हो उठे निधान, नैन गये हैं मूंद॥
मित्र की वेदना से, व्यथित हृदय अगाध।
छलक पड़े अविरल, अश्रु बिन्दु निर्बाध॥

मित्र की पीड़ा का, कैसे करें निदान।
रो पड़े श्रीकृष्ण, अबोध शिशु समान॥

बीन रहे पैरों के कंटक, द्रवित दयानिधान।
धो रहे पग निज कर, किया विप्र सम्मान॥
लेकर अंक मित्र चरण, रचा नया विधान।
स्नान करा मित्र को, पहिराये नवपरिधान॥

लगाकर छप्पन भोग, खिलाये रुचिर मिष्ठान।
छीनकर सुदामा पोटली, पाये तंदूल भगवान॥

बना उदाहरण विश्व में, कृष्ण मित्र अभिज्ञान।
दिया मानव को मित्रता का, अनूठा अनुपान॥

जीवन रसमय करते मित्र, भरकर रंग अनेक।
होता जीवन सार्थक, मिल जाये मित्र एक॥
लेते ही जन्म संसार में, बनते संबंध अनेक।
सबसे दुर्लभ जीवन में, मिले मित्र कोई नेक॥

करें जीवन में सदा, मित्रों का सम्मान।
हो जाये सफल, जन्म मरण अभियान॥

दे दी अकूत संपदा, हुआ नही कुछ भान।
चले सुदामा सहज ही, बढ़ा आत्म सम्मान॥
पहुँचे सुदामा नगर, पुलकित मन उद्गार।
हे! मेरी प्रियतमा, हतप्रभ रहे निहार॥
ढूँढ रहे कुटिया अपनी, खड़े महल विशाल।
अद्भुत लीला कृष्ण की, विप्र हुए निहाल।
मूँद कर नेत्र अपने, करे सखा का ध्यान।
जपे अधर अहर्निश, सुदामा कृष्ण नाम॥

कृष्ण सुदामा मित्रता का, अद्भुत गौरव गान।
संस्कृति की गरिमा का, यह अनुपम सोपान॥
करें समर्पित मित्रों को, हर्षित हृदय अभिमान।
मिलते रहें निरंतर मित्र, सफल जीवन वरदान॥

कृष्ण की सहृदयता को, कोई सके न जान।
सरल चित्त विमल वित्त, कृष्ण का अनुपान॥

॥समर्पित जीवन के सोपान, रहे भक्ति सदा निदान॥

भजन एवं गीत

1. निरखि परखि श्याम

निरखि परखि श्याम, नैन नीर ढायो रे
चिहुंकि पुलकि मन, मधुवन पठायो रे

रीत नीत भूलि गयी, सुन धुन बाँसुरी
सखी संग आ जुड़ीं, ऋतु भयी फागुरी
हरति परति चुनरी, चित्त भरमायो रे

मरमरी कदंब डारी, ताहि बीच गिरिधारी
छिपा के अँगिया सारी, देत ढीट किलकारी
मारि के कंकरी, मटकी गिरायो रे

देखि श्याम साँवरी, वंशीवट की छाँव री
पलक भयी काजुरी, सरस भींच बावरी
आम्र बीच कुंजन में, वसंत बौरायो रे

सखा संग अठखेली, चुराय नवनीत ढेली
यमुनातट करत केलि, जोरि के प्रीत घनेरी
रस तरंग वृंदावन, मदन मदमायो रे

चढ़ाये माथ कृष्णरज, हिय हिंडोल गयो
उर उमंग अरुण अंग, अबिर मदील भयो
खिली प्रीत पांखुरी, भ्रमर गीत गायो रे

ड्योढ़ी रही ठाड़ी, टेरि के कुंजबिहारी
काढ़ि के चित्तरस, "माला" रही निहारी
शरद शशि सों मुख, अतिशय लुभायो रे

निरखि परखि श्याम, नैन नीर ढायो रे
चिहुंकि पुलकि मन, मधुवन पठायो रे

2. हे गोवर्धन गिरधारी

हे गोवर्धन गिरधारी
माधव कृष्ण मुरारी

चुराकर माखन मिस्री
पनघट पर फोड़े गगरी
धन्य हुई व्रजनार
अनुपम छवि निहारी
हे गोवर्धन गिरधारी
माधव कृष्ण मुरारी

छूटे जीवन के रस रंग
जीर्ण देह के सब अंग
बिछुड़े सखा संगवार
थाम ले बाँह हमारी
हे गोवर्धन गिरधारी
माधव कृष्ण मुरारी

बहे नैन तम की कजरी
छटे द्वेष दम्भ की बदरी

बरसे विमल रसधार
भींगे पीत पटसारी
हे गोवर्धन गिरधारी
माधव कृष्ण मुरारी

ढूँढ रही नगर नगर
मिली नही तेरी डगर
"माला" रही पुकार
सुन ले टेर हमारी
हे गोवर्धन गिरधारी
माधव कृष्ण मुरारी

3. धन्य हुआ मैं धन्य

धन्य हुआ मैं धन्य हुआ

करूं तेरा ध्यान प्रभु मैं
ऐसी मेरी औक़ात कहाँ
दर्शन को तेरे दर पर आऊँ
ऐसी मेरी बिसात कहाँ
देख मेरी विवशता को
तुमने हाथ बढ़ा दिया
धन्य हुआ मैं धन्य हुआ

उलझा रहा जीवन भर मैं
रिश्तों के मकड़जाल में
भूल से तेरे दर पे आया
झट पट तूने खोल दिया
धन्य हुआ मैं धन्य हुआ

थककर जब चूर हुआ मैं
दो घड़ी सुस्ताने बैठ गया
दी बरगद की शीतल छाया

तन को मेरे विश्राम दिया
धन्य हुआ मैं धन्य हुआ

बांध रखा था ख़ुद को मैं
तृष्णा की ज़ंजीरों से
डाली कंदर्प कंज सी दृष्टि
मुझको मालामाल किया
धन्य हुआ मैं धन्य हुआ

भटक रहा था दर दर मैं
अरमानों की चाह लिये
खायी चोट अपनों से जब
बाँह ने तेरी थाम लिया
धन्य हुआ मैं धन्य हुआ

शापित पीड़ित जड़ था मैं
छूकर निर्मल बना दिया
कितना सहज सरल है तू
भक्ति का वरदान दिया
धन्य हुआ मैं धन्य हुआ

भींग रहा तेरी करुणा में मैं
मुझे नही कुछ भान हुआ

दयासिंधु तू मैं औंधी गागर
"माला" मन प्रकाश हुआ
धन्य हुआ मैं धन्य हुआ
धन्य हुआ मैं धन्य हुआ

★ ★ ★

4. सुन धुन मुरली

सुन धुन मुरली रंजती रही
पैजनियां मोरी बजती रही

उड़ गयी मोरी पीली चुनरिया
बह गयी नैनों की कारी कजरिया
कासे कहूं अपने जी की गुजरिया
नटनि बन मैं नचती रही
पैजनियां मोरी बजती रही
सुन धुन मुरली रंजती रही

सोच सोच लाल भयी प्रीत डगरिया
डाल डाल पात भयी बांकी नजरिया
खोल डाले भेद सारे बीच बजरिया
बावरी बन मैं भजती रही
पैजनियां मोरी बजती रही
सुन धुन मुरली रंजती रही

अंखियों में बस गया सलोना सा छलिया
चित्त को मोह लिया कर मीठी बतिया

पूनम की रात रचे रास रसिया
सांवरी बन "माला" सजती रही
पैजनियां मोरी बजती रही
सुन धुन मुरली रंजती रही

5. बजती रही कान्हा

बजती रही कान्हा तोरी बांसुरी
पनघट पर भूल आयी गोरी गागरी

इत उत भटकत कुंज गलिन में
छलकत बरसत जल अंखियन में
भीगती रही रंग रास बावरी
पनघट पर भूल आयी गोरी गागरी
बजती रही कान्हा तोरी बांसुरी

ग्वाल बाल सब छेड़त मोहे
माखन चोर नचावत मोहे
जोड़ ली कृष्ण संग प्रीत राग री
पनघट पर भूल आयी गोरी गागरी
बजती रही कान्हा तोरी बांसुरी

खोयी सुध बुध बेसुध हुईं हैं
मधुप मदील सी अंबुज हुईं हैं

पगी श्याम रस "माला" सांवरी
बजती रही कान्हा तोरी बांसुरी
पनघट पर भूल आयी गोरी गागरी

★ ★ ★

6. यशुदा नंदन मदन गोपाल

यशुदा नंदन मदन गोपाल
नटवरनागर नंद के लाल

सांवरी सूरत लट घुंघराले
कानन कुंडल नैन रतनारे
अरुण अधर वंशी कर धारे
उर वैजंती माल..............
नटवरनागर नंद के लाल

माखन मिश्री मुख लिपटाये
दधि छाछ की लूट मचाये
वन वन भटके धेनु चराये
बन गोकुल के ग्वाल..........
नटवरनागर नंद के लाल

चीर चुरावे चित हरषावे
बजा के बंशी नाच नचावे
यमुना तट पर रास रचावे

सखियां हुईं निहाल.........
नटवरनागर नंद के लाल

पूतना मारी असुर संहारे
कालिया मर्दन कंस विदारे
देवों के मान मद मारे
बन बद्री विशाल............
नटवरनागर नंद के लाल

तन मन वारि राह निहारी
बन मुरली "माला" पुकारी
झूमें नाचें कृष्ण मुरारी
बन गीत छंद और ताल...........
नटवरनागर नंद के लाल

★ ★ ★

7. कान्हा तुम वंशी

कान्हा तुम वंशी बजाओ....... न..........
कान्हा तुम जल्दी आओ........ न...........
बजा के बंशी चैन चुराये
प्रीत अगन लगाओ........ न........
कान्हा तुम वंशी बजाओ.......... न........
रात अंधेरी मन भरमाये
नयन ज्योति जगाओ...............न.........
कान्हा तुम वंशी बजाओ........ न........
ढले सांझ चांद बुलाये
यमुना तट रास रचाओ........... न..........
कान्हा तुम वंशी बजाओ..........न..........
बढ़े नीर नदी उमगाये
भवसागर पार लगाओ.......... न............
कान्हा तुम वंशी बजाओ.......... न..........
बीती उमर देह छीजाये
"माला" नेह लगाओ...........न............
कान्हा तुम वंशी बजाओ..........न..........
कान्हा तुम जल्दी आओ...........न..........

★ ★ ★

8. छैल छबीले रंग रंगीले

छैल छबीले रंग रंगीले
ले गये लूट के चैन
बजा के बंशी चित्त चुराये
उड़ाये निंदिया नैन

मारे बाण नयन कटीले
देह अगन झुलसाये
कजरारी अंखियों में उलझे
चित्त मेरा भरमाये
फोड़ के मेरी मटकी बोले
रस भीगे मीठे बैन
छैल छबीले रंग रंगीले
ले गये लूट के चैन

ग्वाल सखा संग गउएं चरावे
शीश मोर पंख सुहावे
माखन देख सुध बुध बिसरावे
यमुना तट रास रचावे

चुरा के चीर कदंब झुलावे
चढ़ी जावत है रैन
छैल छबीले रंग रंगीले
ले गये लूट के चैन

9. मेरी अँखियाँ रहीं पुकार

मेरी अंखियां रहीं पुकार
मेरे नयन बसो नंदलाल
माया के ही हैं सब थाती
मात पिता और संगी साथी
छांड़ि दियो संसार
एक तू ही है आधार। मेरी अंखियां.........
स्वारथ के हैं सकल पदारथ
कर्महीन है जीव अकारथ
हर कलुष तम अंधकार
भर ज्ञान ज्योत उर द्वार। मेरी अंखियां.......
दल दल बीच फंसी मेरी नैया
बांह पकड़ तेरी उबरुं कन्हैया
देवकी नंदन मदन गोपार
अब तू ही मेरा खेवनहार। मेरी अंखियां..........
जग के बंधन मोह के क्रंदन
सुन ले मेरा करुण रूदन
आयी “माला ‘शरण तिहारे

थाम ले मन पतवार। मेरी अंखियां........
मेरे नयन बसो नंदलाल।
मेरी अंखियां रहीं पुकार।

★ ★ ★

10. तोड़ के सारे बंधन

तोड़ के सारे बन्धन अब
मन उड़ता है पंछी बन के
नही दर्द है रिश्तों में अब
नही टीस उठती छालों में
पहन के पायल पांवों में अब
नाचूं, बरसूं बादल बन के। तोड़ के सारे........
नही चाह सपनों की अब
नही व्यग्रता रही लहरों में
ढूंढ के मोती सागर से अब
करुं श्रृंगार व्रजबाला बन के। तोड़ के सारे..........
नही आस किंचित श्वांस अब
नही प्यास रही मिलन की
ओर छोर से पोर पोर अब
“माला” बिखर कमल दल बन के। तोड़ के सारे.........
मन उड़ता है पंछी बन के।

★ ★ ★

11. केशव माधव गोविंद

केशव माधव गोविंद बोल
अरी रसना चेतन हो डोल

जीवन भर की कमाई का
अब तो खाता खोल
छोड़ के पाप की गठरी को
पुन्य से नाता जोड़। अरी रसना.......

हाथ पांव और आंख कान का
संग भान तू छोड़
साथ न जायेगा कुछ लेकर
अपने मन को तौल। अरी रसना...........

भूल के रिश्तों के बंधन
कृष्ण से नाता जोड़
खुल जायेंगी मन की गांठें
"माला" बांध प्रीत की डोर। अरी रसना.........

केशव माधव गोविंद बोल।
अरी रसना चेतन हो डोल।

★ ★ ★

12. बिछा के अपनी पलकें हम

बिछा के अपनी पलकें हम
उनकी राह तकते हैं
मची है धूम घर घर में
मेरे नंदलाल आयेंगे।

सजाया सोने का पलना
लगायी रेशम की डोरी
बैठकर झूलने झूले
मेरे नंदलाल आयेंगे।

भरी माखन की मटकी है
रखी चम्मच चांदी की
लगाने भोग मिश्री का
मेरे नंदलाल आयेंगे।

जन्में जेल में वो ही
छुड़ाते जन्म के बंधन

सुन "माला" की पुकार
मेरे नंदलाल आयेंगे।

★ ★ ★

13. देवकी नंदन कृष्ण मुरारे

देवकी नंदन कृष्ण मुरारे, बाँके विहारी नंद दुलारे
यशोदा के प्राण पुकारे, कब आओगे मोहन प्यारे

हुई भोर आस जगाती, ढले साँझ प्यास बढ़ाती
भरने मोती से आंचल, खड़ी देर से बाँह पसारे
कब आओगे मोहन प्यारे

माया नगरी खड़ा लुटेरा, छाये बादल बढ़ा घनेरा
करने पार भव से सागर, डूब रही नाव मँझधारे
कब आओगे मोहन प्यारे

तेरी करुणा में जीते हैं, तेरे बिना हम रीते हैं
भरने बूँद से गागर, बैठी माला राह निहारे
कब आओगे मोहन प्यारे

कीर्तन

हे मदन मुरारी बांके विहारी

हे मदन मुरारी बांके विहारी
चक्रपाणि तुझे प्रणाम
हे माखनचोर हे चितचोर
लीलाधारी तुझे प्रणाम
हे गऊ चरैया वंशी बजैया
रास रचैया तुझे प्रणाम
हे राजिवलोचन संकटमोचन
कालिया मर्दन तुझे प्रणाम
हे गोवर्धन धारी कृष्ण मुरारी
कंस विदारी तुझे प्रणाम
हे करुणासागर सबगुण आगर
नटवरनागर तुझे प्रणाम

हे मदन मुरारी बांके विहारी
चक्रपाणि तुझे प्रणाम

॥जय श्रीराधे जय घनश्याम देवकीनन्दन तुम्हें प्रणाम॥

॥जय हनुमान॥

www.ingramcontent.com/pod-product-compliance
Lightning Source LLC
LaVergne TN
LVHW041219150826
845673LV00001B/459

* 9 7 9 8 8 9 5 1 9 5 7 4 1 *